JUAN RAMÓN JIMÉNEZ PARA NIÑOS

Colección Alba y Mayo. Serie Poesía, N.º 4

FICHA BIBLIOGRÁFICA

JIMÉNEZ, Juan Ramón

Juan Ramón Jiménez para niños / Edición preparada por Manuel García Viñó; dibujos de Pepi Sánchez.—2.ª ed.— Madrid: Ediciones de la Torre, 1999.—125 pp.; 15 × 21 cm.—(Colección Alba y Mayo. Serie Poesía; n.º 4).

D. L.: M. 3.772-1999 - ISBN: 84-7960-242-2

I. García Viñó, Manuel, ed. lit. II. Sánchez, Pepi, il. III. Título. 087.5:860-1"19".

JUAN RAMÓN JIMÉNEZ
PARA NIÑOS

Edición preparada por
Manuel García Viñó

Ilustraciones de
Pepi Sánchez

Tercera edición

EDICIONES DE LA TORRE
MADRID, 1999

Manuel García Viñó (Sevilla, 1928) es licenciado en Derecho y escritor. Ha publicado más de cincuenta libros de narrativa, poesía y ensayo. Premio Doncel de Literatura Infantil; Pensión de Literatura de la Fundación Juan March; Premio a la Investigación de la Fundación Universitaria Española; Medalla al Mérito en Bellas Artes; miembro de número de la Association Internationale de Critiques Litteraires (Bruselas) y de Critiques d'Art (París).
Pepi Sánchez nació en Sevilla, en cuya Escuela Superior de Bellas Artes se formó, obteniendo en todos los cursos el Premio del Estado. Después de su matrimonio con García Viñó, se trasladó a Madrid. Ha obtenido numerosos galardones y está representada en una docena de museos nacionales y extranjeros.
Las fotografías que ilustran esta obra se publican por gentileza de la Casa-Museo «Zenobia y Juan Ramón», de Moguer, habiendo sido reproducidas por Foto García.

Sorgo, 45 - 28029 Madrid
Tel. y fax: 91 315 55 66
edicionesdelatorre@infornet.es
www.edicionesdelatorre.com
Primera edición: septiembre, 1986
Segunda edición: enero, 1995
Tercera edición: enero, 1999
ET Index: 123AMP04
ISBN: 84-7960-242-2
Depósito Legal: M. 3.772-1999
Impreso en España / *Printed in Spain*
Gráficas Cofás
Polígono Prado de Regordoño
Móstoles (Madrid)

NOTA PREVIA

(que pueden saltarse los niños)

Este libro es, a la vez, algo más y algo menos que una antología. Porque si el diccionario de la lengua dice que antología *es igual que* florilegio, *esto es, «colección de trozos seleccionados de una obra literaria» (es de suponer que a gusto del seleccionador), tal no es exactamente el caso. No se trata de elegir lo que a mí me parece lo mejor y más representativo de Juan Ramón Jiménez, sino de esto, pero dentro de los límites de lo que puedan comprender y gustar unos lectores de entre, más o menos, los diez y los quince años. Parecidos límites o condicionamientos tendría una selección de poemas sobre un tema determinado: el mar, el campo, la religión, el amor, por ejemplo.*

Desde que recibí el encargo de preparar este libro, empecé a pensar en la mejor manera de llevar a cabo mi tarea, teniendo en cuenta esos límites. Tras reflexionar sobre ello seriamente, llegué a la doble conclusión de que, primero, el resultado no tenía que ser erudito y, segundo, tenía que ser didáctico. Y ahora explico lo que quiero decir con esto.

Juan Ramón Jiménez dedicó todos o, por lo menos, sus mejores afanes a su Obra, que, ni parcialmente ni en su totalidad, dio en ningún momento por conclusa y definitiva. Se pasó la vida puliendo sus poemas («reviviéndolos», como él decía), cambiando a veces una o varias palabras; otras uno o varios versos; otras, en fin, rehaciendo completamente —al cabo de muchos años de haberlo escrito por primera vez y, en algunos casos, tras una serie de modificaciones— un poema entero. Ordenando y reordenando los libros y las partes que los componían. Modificando su disposición y sus títulos. Numerando, fechando... En consecuencia, las antologías que ahora, desaparecido el poeta, se hacen de su obra, suelen estar llenas de notas aclaratorias de esas alteraciones, de opiniones sobre si las mismas fueron acertadas o no, y, sobre todo, de interpretaciones de su significado. Pues bien, hacer notar estos cambios, explicar por qué se elige una versión y no otra, aludir a las diversas ordenaciones que hizo de su obra, cambios de títulos, etc., sería hacer erudición. Y la erudición, a mi juicio, impediría a los destinatarios de este libro disfrutar sencillamente con su lectura, que es lo principal. Y esto principal *se relaciona con mi segundo propósito, positivo: el de ser didáctico. Pero didáctico, no en un sentido profesoral, sino amigable, si se puede decir. En resumidas cuentas, a la conclusión (segunda) a la que llegué, fue a la de que mi misión quedaría cumplida de la mejor manera si lograba introducir a los lectores en el mundo amplio y riquísimo de la obra poética de Juan Ramón Jiménez, del Juan Ramón Jiménez que puede entender un adolescente, de manera que, convertido en lector y amigo de él ya para siempre, cuando fuera mayor tuviera interés por conocer al «otro» Juan Ramón, al Juan Ramón profundo, difícil, a veces hermético, que hasta los especialistas muy versados tienen dificultades en interpretar.*

MANUEL GARCÍA VIÑÓ

INTRODUCCIÓN

Juan Ramón Jiménez consideraba que su Obra (con mayúscula, como él la nombraba), que era su vida, o casi toda su vida evolucionaba con él. Es decir que, como su propio cuerpo, era cambiante con el paso de los años, hasta que la muerte la dejase en su forma definitiva o, por lo menos, última e inmodificable. Por eso, la sometió a numerosas revisiones mientras pudo. Por eso, pocos autores ha habido que, como él, hayan ido dejando señaladas sus preferencias sobre su propia obra. Y digo esto para a continuación afirmar que, a pesar de eso, yo voy a tener menos en cuenta esas preferencias del autor y las mías propias (a las que, como antólogo, tengo derecho), para preocuparme principalmente por el interés de los particulares destinatarios de este libro.

En consecuencia, aunque voy a seguir un orden cronológico, no voy a marear a los jóvenes lectores con fechas ni con títulos y subtítulos de los libros y sus apartados. Pero, para que ningún posible lector adulto, o joven convertido en adulto, pueda pensar que lo dicho quiere significar que no he seguido ningún criterio, aclararé que, puesto que donde se encuentra prácticamente toda la poesía de J. R. J. que pueden entender los muchachos es en la que podríamos considerar su primera etapa (caso de que, como algunos críticos han hecho, dividiéramos su producción en dos), he seguido, para hacer mi selección, fundamentalmente el hilo de la *Segunda Antolojía Poética,* preparada por el propio poeta, recurriendo sólo subsidiariamente a otros libros.

De pocos poetas, de pocos escritores, de pocos artistas en general se puede decir con más verdad que de Juan Ramón Jiménez esa frase tantas veces repetida de que su vida y su obra son tan inseparables, que la narración de la primera, la biografía, se convierte prácticamente en un relato de la preparación, desarrollo, evolución y culminación de la segunda. Juan Ramón Jiménez fue, ante todo y sobre todo, poeta.

A la poesía en general y a su propia obra en particular, dedicó sus mayores desvelos. No quiere esto decir que se desentendiera de todo lo demás o que se volviera de espaldas a la vida. Era demasiado humano para eso. Pero sí que procuró, siempre que pudo, eludir lo que, inclusive situado dentro del campo de la literatura, estorbara la creación poética, el perfeccionamiento de su obra.

Cierto que, cuando los acontecimientos históricos de su país le exigieron comprometerse, lo hizo hasta donde sus circunstancias se lo permitieron. Cierto que ayudó a sus amigos cuando se lo pidieron. Cierto que tuvo que abandonar más veces de lo que hubiese deseado la «torre de marfil» y bajar al ruedo de la prosaica realidad para ganarse la vida. Cierto que jugó y estudió de niño, trabajó de hombre y hubo de hacer mil cosas en horas en que, por cuanto de él sabemos, hubiese preferido estar escribiendo o leyendo poemas. Pero quiero hacer hincapié en esa faceta de poeta puro, de poeta por encima de todo que se da en la personalidad de Juan Ramón, porque me parece la más definitoria y característica de alguien cuya obra, precisamente por eso, ha podido ser considerada como una de las cumbres más altas de la poesía española y universal de todos los tiempos.

Ha habido poetas, buenos, magníficos poetas, que además han ejercido un oficio que nada tenía que ver con la poesía, ni siquiera con la literatura. Por lo general, los poetas procuran, ya que de la poesía es muy difícil vivir, ganarse el sustento como profesor de literatura, como asesor literario de una editorial, como bibliotecario, traductor o cualquier otra cosa por el estilo. Juan Ramón Jiménez mismo fue asesor literario de Editorial Calleja y director de otras editoriales y de revistas, y, aparte de lo que obtuvo en concepto de derechos de autor de sus obras, ganó también dinero (lo más antipoético sin duda que ha inventado el hombre, pero absolutamente imprescindible en la sociedad en que vivimos) publicando artículos e impartiendo clases y conferencias. Pero, para dar una idea clara de lo que quiero decir, y de que no exageraba cuando decía antes que procuró eludir todo cuanto estorbaba a la creación poética, inclusive lo «situado dentro del campo de la literatura», pondré un ejemplo.

Cuando José María Pemán, en febrero de 1946, le escribió hablándole de las gestiones que estaba realizando para que ocupara un sillón en la Real Academia Española, le contestó lo siguiente:

> Las dos veces que fui invitado, decliné el honor, agradiéndolo, tanto como a usted ahora, a los académicos que me solicitaron.

Para mí, amigo Pemán, las Academias son, o deben ser, institutos de trabajo, no galardones; debe ser académico el que ha demostrado que puede trabajar en las labores propias de cada una [...]. En las Academias literarias, ningún poeta lírico tan ignorante como yo debe ocupar el sitio que corresponde a los historiadores, los filólogos, etc. ¿Qué hace el poeta, un creador iluso, en uno de esos sillones sabios?

Dice mucho esta cita en favor de mi afirmación primera (era ante todo y sobre todo poeta) y dice mucho de la personalidad, de la manera de ser de Juan Ramón Jiménez. ¿Cómo puede nadie creer que él era «ignorante»? ¿Cómo dudar de cuánto hubiera tenido que decir sobre la lengua quien la utilizó con precisión asombrosa, creadora de belleza sublime, como él lo hizo? Pero ¡cuidado! también la utilizó con entera libertad, trastocando como quería la ortografía* y la sintaxis, y lo académico es lo contrario a la libertad, es el encorsetamiento, la sujeción a las severas normas y reglas. O sea que Juan Ramón fue consecuente con su manera de pensar al declinar la invitación, porque él sabía que no iba a dedicar ningún esfuerzo a las labores propias de la Academia, que consideraba un instituto de trabajo, no un galardón. Creo que, sin proponérselo, criticaba de paso la actitud de quienes, muy inferiores en calidad a él, luchan con uñas y dientes para obtener una plaza de académico, no para trabajar, sino para presumir.

Juan Ramón Jiménez, además de otras muchas cosas que no tuvo más remedio que hacer, e hizo honestamente, a lo largo de su vida, se consagró en la mayor medida que pudo (e insisto, porque, para entender a este poeta, es fundamental), a la poesía; buscando no sólo hacer su obra, buscando no sólo hacerla lo mejor posible, sino buscando nada más y nada menos que la perfección. En las notas que figuran al final de la *Segunda Antolojía* , comenta entre otras cosas:

Perfección. 1.—Es corriente creer que el arte no debe ser perfecto. Se exije perfección a un matemático, a un fisiólogo, a un científico en jeneral. A un poeta, no sólo no se le suele exijir, sino que más bien se le echa en cara que la tenga, como signo de decadencia —del mismo modo que se achaca debilidad a un cerebro de precisión, que no puede trabajar con ruido—. Pero el arte es ciencia también.

Dirán algunos: «El arte es vida». Sin duda. ¿Y por qué ha de ser más bella una vida holgazana, que una vida plena y disciplinada?

* En la primera antología de sus versos, que, con el título de *Poesías escojidas*, se publicó en 1917, comenzó J.R. a utilizar su peculiar ortografía, distinta a la acedémica; jeneral, en vez de general, reló, en vez de reloj; éstasis en vez de éxtasis; yerba, en vez de hierba, etc., etc.

2.—Perfección —sencillez, espontaneidad— de la forma, no es descuido callejero de la forma, ni malabarismo de arquitecto barroco y empachoso; que, en ambos casos, se enreda uno en ella por todas partes, nos llama, a cada momento, la atención, nos hace tropezar; sino aquella exactitud absoluta que la haga desaparecer, dejando existir sólo el contenido, «ser» ella el contenido.

3.—No puedo compartir la creencia de que el «fracaso», la falta de disciplina, en arte, es una postura interesante.

Y 4.—«Perfecto» no es «retórico», sino «completo». «Clásico» es, únicamente, «vivo».

Poeta y sólo poeta, sí. Poeta, además, que quería alcanzar la perfección. ¿Cómo no explicarse, pues, que el obligado roce con la cotidianeidad, tan vulgar a veces, tan apremiante otras, le llevase a padecer continuas depresiones nerviosas, muchas de las cuales le llevaron a recluirse durante meses en un sanatorio psiquiátrico? Pero de esto hablaremos más adelante.

Pero también un hombre

Un genio es un hombre que rompe los esquemas habituales, pero un hombre al fin y al cabo. Un ser que nace, crece, se desarrolla y muere. Que vive en el mundo, en nuestro mismo mundo; aunque a veces —¡quién lo sabe!— escape a él por los caminos de esa embriaguez poderosa que podemos, para entendernos, llamar inspiración.

Pero precisamente porque, a fin de cuentas, es un hombre como el lector y como yo (y conste que digo hombre en el sentido genérico de «ser humano»; también ha habido, hay, mujeres geniales), interesa conocer su peripecia vital. Entre otras razones, porque resulta reconfortante y aleccionador comprobar que, a pesar de su carácter «especial», hubo de rendir, a la naturaleza y a la vida, los mismos tributos que pagamos todos.

Ha habido grandes artistas que han llevado una vida llena de aventuras: amores trágicos, luchas por la libertad de su país, viajes a lugares remotos en épocas en que viajar a ellos era más peligroso y difícil que ahora. Artistas cuyas vidas, al ser contadas, se presentan como interesantísimas novelas. Juan Ramón no es de éstos. Su peripecia vital, como ya hemos dicho, es la peripecia de su obra. Apasionante también, porque la creación de un universo artístico como el suyo, el descubrimiento de la cima de belleza poética que él alcanzó (con enorme esfuerzo, a pesar de las dotes con que indudablemente le obsequió la naturaleza), es tan interesante como escalar la cima del Everest, llegar por primera vez el Polo Norte o poner a un astronauta sobre la superficie de la luna. Por lo tanto, conocer siquiera los puntos más interesantes de su itinerario vital es importante para el lector de este libro.

Juan Ramón Jiménez Mantecón nació en Moguer, un pueblo bellísimo, típicamente andaluz, de la provincia de Huelva, rodeado de viñedos y pinares, cercano al océano Atlántico y a las marismas del bajo Guadalquivir. Nació justo a las doce de la noche del 23 de diciembre de 1881; pero, según cuentan, él prefería decir que nació un día des-

El niño Juan Ramón Jiménez, cuando era estudiante en el Puerto de Santa María (Cádiz).

pués, el 24, la Nochebuena, porque su madre le llamaba el «niñodiós», como quedará reflejado en alguno de sus poemas.

Para configurar la personalidad del gran poeta, excepcional poeta, que llegó a ser Juan Ramón Jiménez, el amor de su madre y el que él sintió por ella, es decisivo. Siempre estará en su recuerdo, en la raíz de su inspiración; y no sólo ella, sino también su entorno: el entorno pueblerino, campestre, doméstico y festivo que constituyó el marco que rodeó el cuadro de una niñez feliz. Por eso, el poeta regresará siempre a la evocación de esa época de su vida que fue para él como un paraíso; pero un paraíso que, al convertirse, por causa de la muerte y de los reveses económicos, en un paraíso perdido, hará que su poesía se impregne de una melancolía esencial.

Cuando Juan Ramón da sus primeros pasos por la vida, siendo el menor de cuatro hermanos, la familia disfruta de la suficiente holgura económica —negocios de minas, vinos, licores y tabaco— como para que, llegado el momento, pudiera ser enviado, junto con su hermano Eustaquio, al internado que los jesuitas regentaban en el Puerto de Santa María, provincia de Cádiz. Creo que es de interés anotar, por lo que decíamos al principio de este apartado, que quien habría de alcanzar las más altas cimas de la literatura y ser objeto de estudio en colegios, institutos y universidades de todo el mundo, no fue precisamente un estudiante excepcional. Tanto, que ni siquiera llegó a terminar la carrera que su padre eligió para él.

Don Víctor Jiménez, que, cuando se casó con doña Purificación Mantecón, tenía ya una hija, fruto de un anterior matrimonio, empujado sin duda por el «sentido práctico» del hombre de negocios que era, quiso que su hijo estudiara Derecho. Y, para dar gusto a su padre (y también a sí mismo, pues quería ser pintor, y para eso, tenía que vivir en una capital de provincia), tras unas vacaciones en su pueblo, luego de obtener el título de bachiller en el Instituto de Jerez de la Frontera, se trasladó a Sevilla, cuando estaba cerca de cumplir los dieciséis años de edad.

Tenemos que suponer que fue en el internado de El Puerto de Santa María, donde Juan Ramón estableció sus primeros contactos con la poesía. Lo que sí es seguro es que fue durante su estancia en Sevilla cuando escribió y publicó sus primeros poemas.

Su aventura estudiantil sevillana —alumno oficial de la Universidad y aprendiz de pintor en el taller de Salvador Clemente— no duró más de un año. Decepcionado por un fracaso en el examen de Historia y delicado de salud, regresó a su pueblo, donde no deja de pintar, pero donde cada vez escribe más. Si se leen sus poemas juveniles, se puede palpar la presencia de los personajes y, sobre todo, del campo y la vida de su Moguer natal:

Bajo mi sol, mi mañana
¡qué alegre mi viña fresca,
con mi río amoratado
entre mi marisma y Huelva!

A la sombra de mis pinos,
por mi honda carretera,
mi jente se entra despacio,
aquí y allá, por mis tierras.

Y en mi colina dorada
de mi sol, mi primavera,
entre mi humo, Moguer,
mi Moguer blanco despierta.

Pero tengo un tú sin mí,
una sílaba desierta
como mis cuatro horizontes:
mar, colina, pino, sierra.

El siglo XIX toca a su fin. Juan Ramón cuenta apenas diecinueve años, pero ya es apreciado por su obra —artículos, pero sobre todo poemas—, que ha ido publicando en periódicos y revistas de Sevilla, Huelva, Córdoba y Madrid. Tanto, como para que el gran Rubén Darío (quince años mayor que él) y Francisco Villaespesa, el fecundo modernista almeriense, le envíen una tarjeta instándole a que viaje a Madrid.

Así lo hace y en la capital de España, que no es sólo la capital política y administrativa sino también cultural, establece contacto con otros poetas y escritores. Habituado sin embargo a la paz campesina, el ambiente ciudadano le disgusta —lo que no le había sucedido con Sevilla, ciudad por la que siempre sintió especial predilección, hasta el punto de llegar a querer proclamarla «capital de la poesía»—, y regresa a Moguer dejando en manos de Villaespesa, para que lo edite, el original de un libro, que finalmente iba a convertirse en dos: *Ninfeas,* impreso en tinta verde y con un soneto al frente de Rubén Darío, y *Almas de violeta,* impreso en tinta violeta y con prólogo de Villaespesa.

Durante su estancia en Moguer, tiene lugar otro acontecimiento que ha de marcar profundamente y de por vida la personalidad de Juan Ramón. El padre muere de repente durante la noche. Su hermana le despierta a la mañana siguiente y le comunica la triste noticia. Lo inesperado del acontecimiento, el tránsito brusco del mundo del sueño a una realidad tan espeluznante y dolorosa, producen un fuerte impacto en la mente y el espíritu de un muchacho hipersensible y le marca de una manera indeleble. Probablemente, él estaba predispuesto para la neurosis y este suceso la desencadena. Juan Ramón sufre una profunda crisis y padece frecuentes desmayos. Se cree llamado al mismo sino que su padre y siente terror ante la idea de que su corazón se paralice también repentinamente.

Su estado llega a ser tan crítico que el médico de Moguer aconseja su internamiento en un sanatorio. La familia elige la *Maison de Santé* (en español, manicomio) de Castel d'Andorte, en Le Bouscart, cerca de Burdeos. Pero el joven poeta no es un loco y el director del sanatorio prefiere que viva en su propia casa. Y como la poesía forma siempre parte de su vida, su estancia en tierras francesas le sirve para descubrir o conocer mejor a una serie de poetas: Verlaine, tan admirado por su amigo Rubén, Baudelaire, Mallarmé, Samain, Moreas y otros. Su estado de semiinternamiento le permite por otra parte hacer excursiones al bello paisaje pirenaico, que también quedará reflejado en sentidos poemas, que llevarán la marca de su tristeza.

No es una anécdota insignificante la de que, durante su estancia en Le Bouscart, se dejase la barba que ya jamás se ha de afeitar. Es como si se revistiera a propósito de una nueva personalidad, más seria y reflexiva. El niñodiós feliz y confiado, por sentirse protegido por los cuidados maternos, es ahora un muchacho grave y melancólico. Él mismo se autorretrata en un capítulo de *Platero y yo:* «Vestido de luto, con mi barba nazarena, debo cobrar un extraño aspecto cabalgando en la blandura gris de Platero.»

De regreso a España, se instala en Madrid y vive en el Sanatorio del Rosario. En parte, porque allí encuentra una paz y un silencio que no encuentra en otro sitio —Juan Ramón siempre huirá del ruido—, en parte también, por estar cerca de donde hay médicos que, dada su obsesión, piensa que puede necesitar en cualquier momento.

En Madrid, sus relaciones literarias crecen, y también sus lecturas. Juan Ramón conoce bien la obra de Bécquer —una de las devociones que nunca abandonará; llegó a decir que la poesía española contemporánea empezaba con el postromántico sevillano, autor de las *Leyendas* y las *Rimas*—, la de sus contemporáneos modernistas, Rosalía de Castro, Góngora, San Juan de la Cruz, el romancero... Ahora, además de la de los franceses que ya hemos nombrado, profundiza en la lectura de la mejor poesía europea de su época y de siempre: los alemanes Goethe, Heine y Hölderlin; el irlandés Yeats; los ingleses Shakespeare, Shelley y Browning; los italianos Dante, Petrarca, d'Annunzio y Carducci; el norteamericano Allan Poe...

Pero, lecturas aparte, en su formación intelectual influye también radicalmente su relación con pensadores como Ortega y Unamuno, con educadores como Francisco Giner de los Ríos, fundador de la Institución Libre de Enseñanza. A estos contactos ha llegado a través de los integrantes de una tertulia que él mismo organiza en el Sanatorio del Rosario y a la que asisten, entre otros, Salvador Rueda, los Machado, Cansinos Assens, Martínez Sierra, Benavente, Pérez de Ayala, Villaespesa...

Y, por supuesto, hay que decir que su formación, tan libérrima como la demanda su espíritu hecho a los amplios horizontes campesinos, no es sólo poética. En casa del doctor Simarro, el director del Sanato-

Sus aficiones pictóricas se mezclan con sus deseos literarios.

rio en que se hospeda, lee también a Ibsen, Nietzsche, Kant, Shopenhauer, etc. Y, por supuesto, continúa indagando en el gran libro de la naturaleza. Si antes fue la campiña de Moguer y los Pirineos y, más adelante, como veremos, ha de ser el mar, ahora, por su cercanía a Madrid, es el Guadarrama, a donde va muchas veces de excursión con Giner de los Ríos. Los ojos de Juan Ramón, cuando no están enfrascados en la lectura, o fijos en la blanca cuartilla que espera la concretización de sus intuiciones poéticas, están clavados en el horizonte. Como escribió en *Platero:*

> ... Delante está ya el campo verde. Frente al cielo inmenso y puro, de un incendiado añil, mis ojos —¡tan lejos de mis oídos!— se abren noblemente, recibiendo en su calma esa placidez sin nombre, esa serenidad armoniosa y divina que vive el sinfín del horizonte.

El amor y otros componentes de su vida y su poesía

En lo que llevamos dicho, han surgido ya los componentes principales de la poesía de Juan Ramón Jiménez: la nostalgia del paraíso perdido de la niñez, la presencia amenazante de la muerte, su visión divinizada de la Naturaleza... Ahora hemos de hablar de otro igualmente importante: el amor.

Sus biógrafos han detectado varios amoríos juveniles en Moguer, en el sur de Francia, en Madrid... Ninguno de ellos, por lo visto, fue muy profundo y en todos, al parecer, intervino un fuerte componente literario, romántico. El poeta necesita una musa y a veces, si es necesario, la encuentra, como su «maestro» Bécquer, en un «vago fantasma de niebla y luz». Pero los «fantasmas» de Juan Ramón tienen nombres concretos, como Blanca Hernández Pinzón, María Teresa Flores, Jeanne-Marie Rousié, María Almonte... Aunque uno se atrevería a decir que, al encarnarse —o, mejor, desencarnarse— en los versos, se convierten en «la mujer», en el objeto del amor del poeta, ese buscador de perfecciones imposibles. Sin embargo, a este ámbito, el del amor, ha de llegar, como veremos, la perfecta: el complemento ese sin el cual, como dicen el judaísmo y el hinduismo, el taoísmo y la filosofía platónica, el hombre no es un ser humano completo.

Antes de un nuevo regreso a Moguer, en 1905, por causa de una recaída en su neurosis, Juan Ramón, muy activo, ha fundado y codirigido la revista *Helios*, ha colaborado intensamente en las publicaciones de la Residencia de Estudiantes y ha publicado uno o dos libros por año.

El regreso a Moguer a que nos hemos referido coincide con la ruina familiar. Entonces el poeta decide regresar a Madrid definitivamente, a vivir de su trabajo literario. Como también en su estancia anterior, se relaciona con pintores: Vázquez Díaz, Sorolla, los Zubiaurre... Su afición a la pintura, palpable en el carácter fuertemente descriptivo y colorista de la mayoría de los poemas de su primera época, no le abandona. Pero a ella se une ahora su interés por la música. Música y pintura se funden de hecho en los poemas de Juan Ramón Jiménez. Pero no para quedarse en la mera superficialidad de la armonía en el engarce de las palabras, los colores y las formas, no. Y, en este sentido, Juan Ramón se separa pronto de la orquestación y escenografía propia del modernismo, siguiendo su propio camino.

Como para Amiel, para él un paisaje es un estado de ánimo. Y, ante sus poemas de esta época, cabe preguntarse: ¿es el paisaje el que influ-

Juan Ramón, con 17 años, cuando iniciaba sus estudios universitarios en Sevilla.

ye en el poeta o es el poeta el que se proyecta en el paisaje? Yo diría que lo segundo. Sin que falten, en algunos momentos de optimismo, los esplendorosos mediodías, es evidente la preferencia de Juan Ramón por los crepúsculos, especialmente los vespertinos, porque sus colores, sus rumores, su condición de muerte —lenta, pero inexorable— de la luz y del bullicio del día, rimaban mejor con su manera de ser y de sentir.

Pero ya hemos apuntado que de aquel Moguer de las *Arias tristes*, las *Pastorales*, los *Jardines lejanos*, las *Baladas de primavera*, *La soledad sonora* se marcha espiritualmente para siempre, aunque físicamente vuelva algún verano. En Madrid, colabora en *Renacimiento*, *La lectura*, *Revista Latina*, *Mundial Magazine* y otras revistas y diarios. Traduce y asesora. Publica libro tras libro. Hasta que, en 1916, se produce otro acontecimiento decisivo en su vida, relacionado, esta vez, con el amor.

Juan Ramón había conocido en 1913, en una conferencia que se celebró en la Residencia de Estudiantes, a Zenobia Camprubí Aymar, nacida en Barcelona, pero que había vivido largo tiempo en Nueva York, donde trabajaban sus hermanos. Se enamora apasionadamente de ella, que, por su carácter, se siente muy distante del mundo recogido y poblado de sueños de un poeta. Ella es alegre, práctica, expansiva; él, melancólico, soñador, retraído. Quizá por eso podían complementarse plenamente, pero Zenobia no lo ve inmediatamente así de claro y Juan Ramón tiene que luchar para hacerse querer.

Que tres años más tarde —y sin que, entretanto, ninguno de los íntimos del poeta se entere de nada— se casen en la iglesia católica de St. Stephen de Nueva York, a donde ella ha viajado con su madre y a donde él, loco de amor, va a buscarla, es un hecho que suministra claramente dos datos: la constancia de él y la sinceridad de ella, por una parte; por otra, la seguridad de ambos cuando deciden unir sus vidas. Y Juan Ramón, el niñodiós que había perdido a su «madre pura», encuentra en «Zenobia de su alma»* a otra madre... Y enfermera, y secretaria, y administradora y, por encima de todo, enamorada y amada esposa y... musa. En adelante, sólo vivirá por ella y para ella, y por y para la poesía. Tanto que, en un momento dado, hace de éste el lema de su vida: «Amor y poesía cada día».

Que Juan Ramón pudo ser poeta sin Zenobia lo demuestra una serie de libros hasta *Estío* y *Sonetos espirituales*. Pero, dadas las vicisitudes por las que hubo de pasar a partir del estallido de la guerra civil española y el agravamiento de su neurosis, tenemos derecho a preguntarnos qué hubiera sido de lo que podemos llamar «el segundo Juan Ramón» sin Zenobia, sin la fortaleza bíblica de esta excepcional mujer.

---

* En la dedicatoria que J.R.J. tenía redactada para su antología definitiva, *Leyenda*, las fundía a las dos, «(A mi madre pura) a Zenobia de mi alma».

El matrimonio se instala en Madrid, colaboran juntos en la preparación de los libros de él, en las traducciones de ella —que conoce perfectamente el inglés— del poeta hindú, premio Nobel, Rabindranat Tagore. Juan Ramón disfruta uno de los períodos más serenos de su vida. Una serenidad que ha de quebrar la guerra para siempre.

El matrimonio con Zenobia va unido a una transformación capital en su poesía, evidenciada en un libro que primero se tituló *Diario de un poeta reciéncasado* y, más tarde, *Diario de poeta y mar*. Juan Ramón comienza a escribirlo, como un auténtico diario, cuando parte en

Juan Ramón a principios del siglo XX, cuando contaba unos 20 años de edad.

busca de Zenobia y lo termina, ya de regreso a España, con recuerdos de momentos y lugares que no quedaron «fijados» en su día. En este libro, su búsqueda de la «poesía pura» o «poesía desnuda», como prefiere llamarla él, alcanza su punto culminante. Con su libro anterior, *Sonetos espirituales*, Juan Ramón, que ha pasado por las sencillas y populares formas del romance y la canción y por otras más cultas, puestas de moda por los modernistas, ha culminado una etapa de sometimiento a las estrofas clásicas. En *Diario de un poeta reciéncasado* irrumpe con fuerza —y no sólo en su obra, sino en la poesía española— el verso libre y la prosa poética. Juan Ramón Jiménez demuestra como nadie que la poesía esencial no tiene por qué ir indefectiblemente unida al verso. Lo había demostrado ya en *Platero y yo,* pero ahora, al publicar poemas en prosa mezclados con poemas en verso, hace ver con claridad que, en su «programa estético», figuran al mismo nivel.

Prolongación en cierto modo de la etapa inaugural de la segunda época juanramoniana que inicia el *Diario* son *Eternidades* y *Piedra y cielo,* libro éste que llegó a entusiasmar tanto a las nuevas generaciones que en Colombia, por ejemplo, se formó un grupo poético que se llamó a sí mismo de los «piedracielistas».

En un poema de *Eternidades,* Juan Ramón, que empieza a considerar todos sus libros anteriores a la *Segunda Antolojía Poética,* recogida entre 1920 y 1922, «borradores silvestres», «relata» sus relaciones con la poesía:

Vino, primero, pura,
vestida de inocencia.
Y la amé como un niño.

Luego se fue vistiendo
de no sé qué ropajes.
Y la fui odiando, sin saberlo.

Llegó a ser una reina,
fastuosa de tesoros...
¡Qué iracundia de yel y sin sentido!

... Mas se fue desnudando.
Y yo le sonreía.

Se quedó con la túnica
de su inocencia antigua.
Creí de nuevo en ella.

Y se quitó la túnica,
y apareció desnuda toda...
¡Oh pasión de mi vida, poesía
desnuda, mía para siempre!

Nunca, quizá, ha estado un poeta más cerca de alcanzar la plenitud de lo poético esencial, sin adjetivos. En cierta manera, la poesía de J. R. J. se convierte en una reflexión sobre la poesía misma o, por lo menos, en una búsqueda de lo poético que hay en todo. Es como si filosofara, esto es, como si buscara la razón última de todo. Y ya no escribiera sobre éste o aquél paisaje, sino sobre *el* paisaje; no sobre éste o aquél recuerdo, sino sobre *el* recuerdo, y así sucesivamente.

Juan Ramón y Zenobia en 1916, recién casados

Bécquer, su admirado Bécquer, se quejó muchas veces del «rebelde, mezquino idioma», de la pobreza del lenguaje para expresar los sentimientos poéticos. Juan Ramón también es consciente de este impedimento que supone el tener que contar con unas palabras mancilladas por el uso cotidiano y, en el primer poema, brevísimo, de *Eternidades,* expresa de manera genial esta servidumbre, esta auténtica tragedia del poeta:

No sé con qué decirlo,
porque aún no está hecha
mi palabra.

Por eso, más adelante, en el mismo libro, clama:

¡Intelijencia, dáme
el nombre exacto de las cosas!
... Que mi alma sea
la cosa misma,
creada por mi alma nuevamente.
Que por mí vayan todos
los que no las conocen, a las cosas;
que por mí vayan todos
los que ya las olvidan, a las cosas;
que por mí vayan todos
los mismos que las aman, a las cosas...
¡Intelijencia, dáme
el nombre exacto, y tuyo,
y suyo, y mío, de las cosas!*

La guerra, el exilio y la muerte

Ya hemos dicho cuánto amaba Juan Ramón la reclusión y el sosiego, y hasta qué punto le desagradaba el ruido, el bullicio de las grandes urbes. Su afición a pasear a caballo o en burro por los alrededores de Moguer, buscando la paz campesina, tiene poco que ver, desde luego, con la afición de los aventureros que buscan países exóticos o inclusive descubrir tierras inexploradas. Cuando él cruza el Atlántico es, como hemos visto, para ir en busca del amor y, en el barco, lo que le interesa no es la vida social, sino, como era lógico, dada su personalidad, el horizonte infinito y el balanceo rítmico de las olas. Llegó a decir que la cadencia del oleaje influyó en la forma libérrima que dio a los versos del *Diario.*

La guerra española trastornó su vida hasta extremos incomensurables. Si no llega a ser por ella, nuestro poeta, a pesar de los altibajos de su salud, no hubiera podido sin duda escribir este breve apunte autobiográfico que refleja un ajetreo tan contrario a sus inclinaciones naturales:

* Este poema, como el citado antes, que empieza «Vino, primero, pura...» hubieran figurado en la antología, de no haberme venido bien incluirlos, como ejemplos en esta *Introducción.*

Mi vida fue salto, revolución, naufrajio permanente. Moguer, Puerto de Santa María, Moguer, Sevilla, Moguer, Madrid, Moguer, Francia, Madrid, Moguer, Madrid, América, Madrid, América... Y en América, New York, Puerto Rico, Cuba, La Florida, Washington, La Argentina, Puerto Rico, Maryland, Puerto Rico.

Y, en cada viaje, la casa a cuestas, mudanza de todo y pérdida de tanto: casas, cosas, libros y, sobre todo, manuscritos, manuscritos, manuscritos. Con la guerra en España, pérdida violenta por robo de miserables, casi total, aunque recuperada, por devolución de buenos, luego y en partes.

Y en cada sitio volver a empezar, volver a empezar, volver a empezar: y durante todo el tiempo, del comienzo al fin, enfermedades, enfermedades, enfermedades.

El poeta rodeado de niños en Puerto Rico (1957).

Juan Ramón siempre fue un enfermo de los nervios. Pero sus peores crisis las tuvo después de su salida definitiva de España. Era algo, por supuesto, que no había entrado en sus proyectos.

El levantamiento militar de 1936 le pilla en plena efervescencia de trabajo y preparación de nuevos libros. Todo se va al garete. Pero Juan Ramón no huye de la quema. Por el contrario, con su esposa, organiza una especie de guardería infantil en su propia casa. Sin embargo, el presidente de la República, su amigo Manuel Azaña, se propone apartarle del conflicto. Le nombra Asesor Cultural honorario de la Embajada de España en Washington y le expide pasaporte diplomático. Zenobia y Juan Ramón salen de España por La Junquera y, en Cherburgo, embarcan con destino a Nueva York, donde pronto organizan una suscripción pública para ayudar a los niños víctimas de la guerra. En la capital federal, intentan inútilmente recabar ayuda de los Estados Unidos para la causa republicana. Ya dijimos al principio que el hecho de que J. R. J. fuera lo que se puede llamar un poeta puro no le alejó de la realidad. El escribió una vez: «Para mí, no hay otras razones en la vida —y en la muerte— que las razones estéticas.» Sin embargo, como también escribió, era por encima de todo un hombre libre y, como tal, estuvo siempre por la democracia. Y escribió artículos y dictó conferencias a su favor.

Como la derrota de la República se consolida, los Jiménez comprenden que lo que pareció en un principio un alejamiento momentáneo se puede convertir en un exilio indefinido. Surge entonces el problema de ganarse la vida y, con él, una serie de viajes, motivados por la publicación de libros y la participación en cursos de literatura: Puerto Rico, Cuba, otra vez Nueva York... Luego, Miami, donde se reproducen con intensidad sus crisis nerviosas. Entre crisis y crisis, da charlas radiofónicas y dicta conferencias. En 1945, Zenobia es nombrada profesora en Maryland, en cuya universidad Juan Ramón imparte también algunos cursos esporádicos, en tanto prosigue su labor poética: nuevos libros y revisión de los antiguos, hasta que ha de ser hospitalizado.

Un viaje a la Argentina y Uruguay para dar conferencias le demuestra, como antes en Cuba, hasta qué punto su obra es apreciada por los jóvenes poetas. Actúa en olor de multitud y, en Buenos Aires, una intervención suya llega a producir un atasco en la circulación.

De regreso a Riverdale (Maryland), se reproducen sus crisis y hospitalizaciones. Juan Ramón echa cada vez más de menos el sonido de su lengua española y se niega a hablar en inglés, inclusive con los médicos. Todo ello hace que, tras una nueva hospitalización en Puerto Rico, Zenobia decida renunciar a su estable situación económica en los Estados Unidos e instalarse en el citado país, donde su esposo podrá oir hablar su lengua.

El poeta mejora notablemente y trabaja en la Universidad y en la revisión de sus obras completas. Y así transcurre un pacífico período en Puerto Rico, donde son queridos y respetados como se merecen, hasta que la salud de Zenobia empieza a ir mal.

Es triste comprobar cómo, a la vez que se va acercando para Juan Ramón el reconocimiento universal, se vaya aproximando también la muerte de Zenobia que, en el fondo, ha luchado por él más que el propio poeta, enfrascado en su obra y despreocupado de las glorias de este mundo. Es triste, muy triste, que las noticias acerca de la posible concesión del Premio Nobel de Literatura de 1956 a J. R. J. vayan creciendo con la agonía de la mujer a la que debía sin duda haber llegado indemne hasta donde llegó. Tan mal se encuentra Zenobia, que, cuando una amiga le confirma la noticia de la concesión del premio, no puede tener otra respuesta que entonar débilmente la música de un villancico que había aprendido cuando niña.

No hay que decir que, aunque Juan Ramón llega a dictar a su sobrino Francisco Hernández-Pinzón un telegrama para la Academia Sueca, agradeciendo el galardón, y hasta a contestar, por escrito y a través de intermediarios, alguna entrevista, aquellos días apenas se interesa por otra cosa que por la pérdida de su esposa, a la que con toda su alma desea seguir. De hecho, según testimonio de Hernández-Pinzón, más bien la quería haber precedido.

Incomprensiblemente, desde la muerte de Zenobia hasta su entierro, el poeta se mantuvo con temple sereno. Pero cuando hasta el cuerpo de ella desapareció de su vista y pudo comprobar de verdad el vacío que le había dejado, cayó en la probablemente más terrible de sus depresiones. Dice el testigo que venimos siguiendo en estos últimos tramos, el sobrino del poeta, que paseaba por la casa preguntándose incansablemente, en monótona letanía: «¿A dónde vamos y de dónde venimos?» Y repitiendo una y otra vez: «¿Adónde estás, amor de mi vida?... Allí, allí estás tú...; tú tienes la armonía y la paz..., pero yo no la tengo... hasta que un día estemos juntos en la armonía y la paz de la otra vida.»

Prefiero no añadir nada a estas palabras. Otros datos sobre el último año de la vida del poeta, que no volvió a escribir nada, se pueden encontrar en la Cronología que sigue a esta Introducción.

M.G.V.

P.S. He elegido algunas prosas, creo que en la proporción que ocupa esta forma de escritura dentro de la producción poética de J. R. J. Las cuatro primeras las he seleccionado de Platero y yo; *las cuatro siguientes, de* Poesía en prosa y verso *(Madrid, 1932), y la última de* Cuadernos de Juan Ramón Jiménez *(Madrid, 1960). Finalmente, he añadido, como muestra, algunas máximas.*

CRONOLOGÍA

1881 Nace en Moguer (Huelva), el 23 de diciembre.

1885-86 Aprende las primeras letras en el parvulario de doña Domitila y doña Benita Berroeta.

1887-90 Estudios primarios y elementales en el Colegio de S. José.

1893 Ingresa como alumno interno en el colegio de los jesuitas del Puerto de Santa María (Cádiz). Tiene como condiscípulo al que también llegaría a ser poeta Fernando Villalón.

1896 Obtiene el título de Bachiller en el Instituto de Jerez de la Frontera. En el otoño, se traslada a Sevilla para estudiar Derecho y aprender pintura.

1897 En Sevilla, escribe su primer trabajo: un poema en prosa titulado «Andén». En el estudio de Salvador Clemente conoce a Vázquez Díaz, quien, más adelante, hará varios retratos suyos. Empieza a devorar libros.

1900 Se traslada a Madrid, a instancias de Rubén Darío y Francisco Villaespesa. Retorna a Moguer. Primeros libros.

1901 Por consejo del médico de Moguer, es internado en un sanatorio psiquiátrico, en el sur de Francia. Excursiones por los Pirineos.

1902 Publica su tercer libro, *Rimas*, titulado así como homenaje a Bécquer. Vive de nuevo en Madrid.

1903 Publica *Arias tristes*. Aparece el primer número de la revista *Helios*, codirigida por Juan Ramón.

1904 Publica *Jardines lejanos.*

1905 Aumentan sus depresiones nerviosas. Regresa a Moguer.

1906 Empieza a escribir *Platero y yo.*

1907 La revista *Renacimiento*, en la que ha empezado a colaborar, le rinde un homenaje.

1908 Publica *Elejías puras.*

1909 Publica *Elejías intermedias* y *Las hojas verdes.* Sorolla le visita en Moguer.

1910 *Elejías lamentables* y *Baladas de primavera.*

1911 *La soledad sonora.*

1912 Publica *Melancolía.* Regresa a Madrid.

1913 *Laberinto.* Conoce a Zenobia e, inspirado por ella, empieza a escribir *Monumento de amor.* Zenobia empieza a traducir a Rabindranath Tagore, que ha recibido el Premio Nobel ese año.

1914 Dirige las publicaciones de la Residencia de Estudiantes. Aparece la edición abreviada de *Platero y yo.* Publica en *El Imparcial* algunos de los *Sonetos espirituales.*

1915 Publica su traducción de la *Vida de Beethoven,* de Romain Rolland. Zenobia viaja con su madre a Nueva York.

1916 Juan Ramón va en busca de Zenobia, con la que se casa el 2 de marzo. Viaje bodas por Boston, Filadelfia, Baltimore y Washington. Aparece *Estío* cuando ya el matrimonio se ha instalado en Madrid.

1917 Edición completa de *Platero y yo.* Aparecen el libro *Sonetos espirituales,* que marca el final de su primera época, y *Diario de un poeta reciéncasado,* libro primero de su segunda etapa. La *Hispanic Society* publica su primera antología poética con el título de *Poesías escojidas.*

1918 *Eternidades.*

1919 *Piedra y cielo.*

1920 Colabora en *La Pluma, Reflector* y *Hermes.*

1921 Escribe el texto del catálogo de la exposición que celebra Vázquez Díaz en el Museo de Arte Contemporáneo. Empieza a dirigir la revista *Índice.*

1922 Aparece la *Segunda Antolojía Poética,* que había empezado a preparar dos años antes.

1923 Publica *Poesía* y *Belleza.*

1924 Los Jiménez visitan Granada, invitados por la familia García Lorca.

1925 Funda su segunda revista, *Sí.* Publica los cuadernos *Unidad.*

1926 Recorre todo el norte de España.

1928 Publica *Obra en marcha.*

1930 Comienza a colaborar en el *Heraldo de Madrid.*

1931 Empieza a publicar en *El Sol.* Se proclama la República en España.

1932-1935 Trabaja en la ordenación de su obra.

1936 Aparece *Canción,* pensado como primer tomo de sus obras completas. Estalla la guerra civil. Los Jiménez viajan a Estados Unidos, nombrado él Agregado Cultural honorario de la Embajada de España en Washington. Viajes a Puerto Rico y Cuba.

1937 Prologa la antología *La poesía cubana en 1936.*

1938 Colaboraciones en diversas revistas de La Habana.

1939 Tras una estancia en Nueva York, se trasladan a Coral Gables, el distrito universitario de Miami. Arrecian sus crisis nerviosas.

1940 Dicta una serie de conferencias en la Universidad de Miami.

1941 Fuerte depresión. El poeta es hospitalizado.

1942 Publicación de *Españoles de tres mundos.*

1944 La editorial Losada, de Buenos Aires, comienza la reedición de las obras de Juan Ramón.

1945 Publica en México *Voces de mi copla.*

1946 *La estación total, con las Canciones de la nueva luz* y el cuento titulado *El zaratán.* Una nueva crisis nerviosa le obliga a estar ocho meses hospitalizado.

1947 Se inaugura en Moguer la Biblioteca Pública Juan Ramón Jiménez.

1948 Publica *Romances de Coral Gables.* Viaje apoteósico a la Argentina y Uruguay.

1949 Publica *Animal de fondo.*

1950 Nuevas hospitalizaciones, primero en los Estados Unidos y después en Puerto Rico.

1951 Regreso a Estados Unidos, donde se agudizan sus depresiones. Zenobia decide dejar la Universidad de Mariland e instalarse en Puerto Rico.

1952 Dicta, en la Universidad de Puerto Rico, la conferencia «Poesía abierta y poesía cerrada». Envía colaboraciones a *Poesía Española,* de Madrid, y *Caracola,* de Málaga.

1953 Dicta un curso sobre el modernismo. Colabora en diversas revistas portorriqueñas.

1954 Conferencia «El romance, río de la lengua española». Enferma Zenobia. Nueva hospitalización de Juan Ramón.

1955 Se inaugura la Sala Zenobia y Juan Ramón en la Universidad de Puerto Rico, a la que donan libros, cartas y otros documentos. Se agrava Zenobia. Nueva hospitalización de Juan Ramón.

1956 Sintiéndose sin fuerzas para hacerlo ella, Zenobia recaba la colaboración del poeta cubano Eugenio Florit para preparar la *Tercera Antolojía Poética.* A principios de octubre Zenobia es hospitalizada en Puerto Rico, luego es desahuciada por los médicos del Hospital General de Massachusets. El día 25, la Academia Sueca hace pública la concesión del Premio Nobel a Juan Ramón. Tres días después, muere Zenobia.

1957 Aparece la *Tercera Antolojía poética.* Tras una fuerte crisis, que le lleva a una nueva hospitalización, se recupera bastante. Vuelve a la Universidad.

1958 El 14 de febrero, sufre una caída y se fractura la cadera derecha, por lo que tiene que ser operado. No volverá a andar. En mayo, enferma de bronconeumonía, a consecuencia de la cual muere el 29 de dicho mes, a las cuatro de la madrugada. El día 6 de junio, sus restos mortales y los de Zenobia son trasladados a España. Son enterrados en el cementerio de Moguer.

ANTOLOGÍA

POEMAS

CUANDO YO ERA EL NIÑODIÓS

CUANDO yo era el niñodiós, era Moguer, este pueblo,
una blanca maravilla; la luz con el tiempo dentro.
Cada casa era palacio y catedral cada templo;
estaba todo en su sitio, lo de la tierra y el cielo;
y por esas viñas verdes saltaba yo con mi perro,
alegres como las nubes, como los vientos, lijeros,
creyendo que el horizonte era la raya del término.

Recuerdo luego que un día en que volví yo a mi pueblo
después del primer faltar, me pareció un cementerio.
Las casas no eran palacios ni catedrales los templos,
y en todas partes reinaban la soledad y el silencio.
Yo me sentía muy chico, hormiguito de desierto,
con Concha la Mandadera, toda de negro con negro,
que, bajo el tórrido sol y por la calle de Enmedio,
iba tirando doblada del niñodiós y su perro:
el niño todo metido en hondo ensimismamiento,
el perro considerándolo con aprobación y esmero.

¡Qué tiempo el tiempo! ¿Se fue con el niñodiós huyendo?
¡Y quién pudiera ser siempre lo que fue con lo primero!
¡Quién pudiera no caer, no, no, no caer de viejo;
ser de nuevo el alba pura, vivir con el tiempo entero,
morir siendo el niñodiós en mi Moguer, este pueblo!

YO NO SÉ LO QUE PENSABAN

LOS niños tenían miedo. Yo no sé lo que pensaban...
Y la noche de diciembre era cada vez más larga.

Primero pidieron besos, más tarde pidieron agua,
y después lloraron, y la noche no se acababa.

Todo era sed, todo era fiebre y frío... Y temblaban
juntos los niños.

Campana, ana, ana, ana, ana,
y tú llamabas entonces a misa de madrugada.

¡Y qué respiro! La madre abrió un poco la ventana,
la lámpara de la alcoba se endulzó de luz de alba.

Era una luna con sol, una paz nueva y de plata,
un roce de lirio, una lengua tiernísima y plácida.
Caían las azucenas de todas las alas albas,
todas las manos de Dios y todas sus plantas blancas...

(En su corral, el vecino andaba hablando a las vacas.
Por la calle pasó un hombre tosiendo, y luego otro, y otro,
[a misa de madrugada).

... Como un olvido de ánjeles, una armonía lejana,
yo no sé qué acariciares de sienes y de miradas.
(¿Y cuáles eran los monstruos de que los niños temblaban,
dónde los toros, los búhos, los ladrones, las arañas?)

Los niños se iban durmiendo... El pueblo se abría: ¡Ana!
¡José! ¡Salud!... Lentamente iba entrando la mañana.

EN DONDE LA VERDAD SE ENCIERRA
(CON VÍCTOR HUGO)

TÚ, Dios, que de la tierra me has sacado
¿por qué me has de volver informe tierra?
¿Por qué me has de matar? ¡Quiero la guerra;
no quiero ser por nadie derrotado!

Mi pensamiento busca el ignorado
castillo en donde la verdad se encierra,
y a conseguir esa verdad se aferra,
y vuela y llega en ala enamorado.

Creeré en ti si abres mis prisiones.
Yerre yo siempre libre por el mundo,
y libre vuele al fin mi ansiosa mente.

¿Han de servir mis áureas ilusiones
de digestión para un gusano inmundo?
¡No me importa sufrir eternamente!

ALBA

SE paraba
la rueda
de la noche...
Vagos ángeles malvas
apagaban las verdes estrellas.

Una cinta tranquila
de suaves violetas
abrazaba amorosa
a la pálida tierra.

Suspiraban las flores al salir de su ensueño,
embriagando el rocío de esencias.

Y en la fresca orilla de helechos rosados,
como dos almas perlas,
descansaban dormidas
nuestras dos inocencias
—¡oh qué abrazo tan blanco y tan puro!—,
de retorno a las tierras eternas.

ADOLESCENCIA

AQUELLA tarde, al decirle
yo que me iba del pueblo,
me miró triste —¡qué dulce!—,
vagamente sonriendo.

Me dijo: ¿Por qué te vas?
Le dije: Porque el silencio
de estos valles me amortaja
como si estuviera muerto.

—¿Por qué te vas? —He sentido
que quiere gritar mi pecho,
y en estos valles callados,
voy a gritar y no puedo.

—Y me dijo: ¿Adónde vas?
Y le dije: Adonde el cielo
esté más alto, y no brillen
sobre mí tantos luceros.

Hundió su mirada negra
allá en los valles desiertos,
y se quedó muda y triste,
vagamente sonriendo.

RÍO de cristal, dormido
y encantado; dulce valle,
dulces riberas de álamos
blancos y de verdes sauces.

—El valle tiene un ensueño
y un corazón: sueña y sabe
dar con su sueño un son lánguido
de flautas y de cantares—.

Río encantado; las ramas
soñolientas de los sauces,
en los remansos caídos,
besan los claros cristales.

Y el cielo es plácido y blando,
un cielo bajo y flotante,
que con su bruma de plata
acaricia ondas y árboles.

—Mi corazón ha soñado
con la ribera y el valle,
y ha llegado hasta la orilla
serena, para embarcarse;
pero al pasar por la senda,
lloró de amor, con un aire
viejo, que estaba cantando
no sé quien, por otro valle—.

MI alma es hermana del cielo
gris y de las hojas secas.
¡Sol interno del otoño,
pásame con tu tristeza!

—Los árboles del jardín
están cargados de niebla.
Mi corazón ve por ellos
esa novia que no encuentra;
y en el suelo húmedo me abren
sus manos las hojas secas.
¡Si mi alma fuera una hoja
y se perdiera entre ellas!—

El sol ha mandado un rayo
de oro extraño en la arboleda,
un rayo flotante, dulce
luz a las cosas secretas.

—¡Qué ternura tiene el último
sol para las hojas secas!
Una armonía sin fin
vaga por todas las sendas,
lenta, eterna sinfonía
de músicas y de esencias,
que dora el jardín de una
más divina primavera—.

Y esa luz de bruma y oro,
que pasa las hojas secas,
irisa en mi corazón
no sé qué ocultas bellezas.

EL pastor, lánguidamente,
con la cayada en los hombros
mira, cantando, los pinos
del horizonte brumoso;
y el rebaño soñoliento
levanta nubes de polvo,
y llora con sus esquilas,
bajo la luna de oro.

La aldea del valle está
quieta en humo blanco. Todo
lo que era alegre al sol, sueña
no sé qué amores llorosos.

Ya no se ve el río oscuro,
perdido en sí mismo. Sólo,
en la ciega paz inmensa,
se siente que tiene fondo.

Flota el humo blanco. El valle
se queda más solo y lóbrego.
Las esquilas lloran más,
bajo la luna de oro.

NOCTURNO

... ESTÁ desierto el jardín.
Las avenidas se alargan
entre la incierta penumbra
de la arboleda lejana.
—Ha consumado el crepúsculo
su holocausto de escarlata,
y de las fuentes del cielo
=fuentes de floridas aguas=,
las brisas de los países
del sueño, a la tierra bajan
un olor de lirios nuevos
y un frescor de tenues ráfagas...—
Los árboles no se mueven;
es tan humana su calma,
que así parecen más vivos
que cuando ajitan las ramas.
—... Y en la onda transparente
del cenit verdoso, vagan
misticismos de suspiro
y perfume de plegarias.—

... ¡Qué triste es amarlo todo,
sin saber lo que se ama!
—... Parece que las estrellas
compadecidas me hablan;
pero, como están tan lejos,
no comprendo sus palabras—.
¡Qué triste es tener sin flores
el santo jardín del alma,
soñar con almas en flor,
soñar con sonrisas plácidas,

con ojos dulces, con tardes
de primaveras fantásticas!...
¡Qué triste es llorar, sin ojos
que contesten nuestras lágrimas,
estando toda la noche,
como unos ojos, mirándolas!

... Ha entrado la noche. El aire
trae un perfume de acacias
y de rosas; el jardín
duerme sus flores... Mañana,
cuando la luna se esconda
y la serena alborada
dé al mundo el beso tranquilo
de sus lirios y sus auras,
se inundarán de alegría
estas sendas solitarias;
vendrán los novios por rosas
para sus enamoradas,
y los niños y los pájaros
jugarán dichosos...¡Alas
de oro, que no ven la vida
tras la nube de las lágrimas!

... ¡Quién pudiera desleirse
en esa tinta tan vaga,
que inunda el espacio de ondas
puras, fragantes y pálidas!
¡Ah, si el mundo fuera siempre
una tarde perfumada,
yo lo elevaría al cielo,
en el cáliz de mi alma!

PIRINEOS

EN la quietud de estos valles
llenos de dulce añoranza,
tiemblan, bajo el cielo azul,
las esquilas de las vacas;
se duerme el sol en la yerba,
y, en la ribera dorada,
sueñan los árboles verdes,
al ir lloroso del agua.

El pastor descansa, mudo,
sobre su larga cayada,
mirando al sol de la tarde
de primavera, y las mansas
vacas van, de prado a prado,
subiendo hacia la montaña,
al son lejano y dormido
de sus esquilas con lágrimas.

... Pastor, toca un aire viejo
y quejumbroso, en tu flauta;
llora en estos grandes valles
de languidez y nostaljia;
llora la yerba del suelo,
llora el diamante del agua,
llora el ensueño del sol
y los ocasos del alma.

¡Que todo, pastor, se inunde
con el llanto de tu flauta:
al otro lado del monte,
están los campos de España.

POR el jardín florecido,
ella reía y cantaba,
cojiendo rosas y rosas,
en el sol de la mañana.

Yo, ansioso, toda mi frente
llanto sin salir, miraba
el cielo azul del rocío
que aún temblaba de las ramas
—consuelo para mis ojos
locos, que se imajinaban
que aquellas gotas del cielo
caían de su nostaljia—;
y para que ella no viera
la tristeza de mi alma,
intentando ahogar sus voces,
también reía y cantaba.

¡Y ella se fue con sus rosas,
y yo me fui con mis lágrimas,
detrás de ella, en la gloria
de aquella mañana májica!

HE venido por la senda,
con un ramito de rosas
del campo.
Tras la montaña
nacía la luna roja;
la suave brisa del río
daba frescura a la sombra;
un sapo triste cantaba
en su flauta melodiosa;
sobre la colina había
una estrella melancólica...

He venido por la senda
con un ramito de rosas.

YA VIENE LA PRIMAVERA

YA viene la primavera.
¡lo ha dicho la estrella!

La primavera sin mancha.
¡Lo ha dicho la agua!

Sin mancha y viva de gloria.
¡Lo ha dicho la rosa!

De gloria, altura y pasión.
¡Lo ha dicho tu voz!

LA FLOR TÚ

TOMA esta flor, la flor
de la sombra del torreón.
¡Qué tranquilo es su olor!

Estaba allí, allí
al pie del hormigón carmín,
en la yerba turquí.

¡Mira qué azul, qué azul
es, plateada y azul, de luz
segura (igual que tú)!

Te la cojí, cojí
pensando en ti, en tu vivir
a la sombra de mí.

Ten esta flor, la flor
del costado del torreón.
¡Qué feliz es su olor!

TODO el campo estaba lleno
de humo blanco. La cabaña
tenía a su puerta fiesta
de tamboriles y flautas.

La luna grana nacía
sobre la ermita. Las cabras
iban, bajo las estrellas,
a las vecinas majadas;
y por los caminos, verdes
de luciérnagas, lloraban
sus esquilas, como si
llevasen dentro mis lágrimas.

Yo nunca había subido
a la colina; y mi alma,
lánguida al son, triste a ella,
de tamboriles y flautas
—en el campo soñoliento
eternamente sonaban
muy lejos, sin estinguirse,
las esquilas de las cabras—,
lánguida, ansiosa de huir,
entre la dulce añoranza
—estrellas, música, luna—
de la campiña aldeana;
se fue, dentro de mi cuerpo
y subió. Y a una luz plácida,
vio que al otro lado había
un valle verde y con agua.

—NO era nadie. El agua. —¿Nadie?
¿Que no es nadie el agua? —No
hay nadie. Es la flor. ¿No hay nadie?
Pero, ¿no es nadie la flor?

—No hay nadie. Era el viento. —¿Nadie?
¿No es el viento nadie? —No
hay nadie. Ilusión. —¿No hay nadie?
¿Y no es nadie la ilusión?

TRISTEZA dulce del campo.
La tarde viene cayendo.
De las praderas segadas,
llega un suave olor a heno.

Los pinares se han dormido.
Sobre la colina, el cielo
es tiernamente violeta.
Canta un ruiseñor despierto.

Vengo detrás de una copla
que había por el sendero,
copla de llanto, aromada
con el olor de este tiempo;
copla que iba llorando
no sé qué cariño muerto,
de otras tardes de setiembre
que olieron también a heno.
¡Cómo lloran las carretas,
camino de Pueblo Nuevo!

En la paz del campo, van
dejando los troncos muertos
un olor fresco y honrado
a corazón descubierto.
Y cae el ángelus desde
la torre del pueblo viejo,
sobre los campos talados
que huelen a cementerio.

¡Cómo lloran las carretas
camino de Pueblo Nuevo!

YA están ahí las carretas...
—Lo han dicho el pinar y el viento,
lo ha dicho la luna de oro,
lo han dicho el humo y el eco...—
Son las carretas que pasan
estas tardes, al sol puesto,
las carretas que se llevan
del monte los troncos muertos.

¡Cómo lloran las carretas,
camino de Pueblo Nuevo!

Los bueyes vienen soñando,
a la luz de los luceros,
en el establo caliente
que sabe a madre y a heno.
Y detrás de las carretas,
caminan los carreteros,
con la aijada sobre el hombro
y los ojos en el cielo.

(... Anda el agua de alborada...
Romance popular)

DORABA la luna el río
—¡fresco de la madrugada!—
Por el mar venían olas
teñidas de luz de alba.

El campo débil y triste
se iba alumbrando. Quedaba
el canto roto de un grillo,
la queja oscura de un agua.

Huía el viento a su gruta,
el horror a su cabaña;
en el verde de los pinos,
se iban abriendo las alas.

Las estrellas se morían,
se rosaba la montaña;
allá en el pozo del huerto,
la golondrina cantaba.

¡GRANADOS en cielo azul!
¡Calle de los marineros;
qué verdes están tus árboles,
qué alegre tienes el cielo!

¡Viento ilusorio del mar!
¡Calle de los marineros
—ojo gris, mechón de oro,
rostro florido y moreno!—

La mujer canta a la puerta:
«¡Vida de los marineros;
el hombre siempre en el mar,
y el corazón en el viento!»

—¡Virjen del Carmen, que estén
siempre en tus manos los remos;
que, bajo tus ojos, sean
dulce el mar y azul el cielo!—

... Por la tarde, brilla el aire;
el ocaso está de ensueños;
es un oro de nostaljia,
de llanto y de pensamiento.

—Como si el viento trajera
el sinfín y, en su revuelto
afán, la pena mirara
y oyera a los que están lejos—.

¡Viento ilusorio del mar!
¡Calle de los marineros
—la blusa azul, y la cinta
milagrera sobre el pecho!—

¡Granados en cielo azul!
¡Calle de los marineros!
¡El hombre siempre en el mar,
y el corazón en el viento!

EL POETA HA MUERTO EN EL CAMPO

EL sol dorará las hojas,
dará diamantes el río,
hará un canto de oro y risa,
con el viento, por los pinos.

Llenos los labios de rosas,
saldrán al jardín los niños,
roto el oro de sus sueños
de vírjenes y de lirios.

Quien lleve la nueva triste
por el polvo del camino,
verá mariposas blancas
y cristales de rocío:
—María... —Con Dios... —¡Buen día!...
Tú, pueblo alegre y florido,
te irás llenando de sol,
de humo blanco, de humo azul,
de campanas y de idilio.

Irá todo al mediodía,
en paz y amor... Por los pinos
cantará un pájaro... Y todo
será mudo y amarillo.

EL POETA A CABALLO

¡QUÉ tranquilidad violeta,
por el sendero, a la tarde!
A caballo va el poeta...
¡Qué tranquilidad violeta!

La dulce brisa del río,
olorosa a junco y agua,
le refresca el señorío...
La brisa leve del río...

A caballo va el poeta...
¡Qué tranquilidad violeta!

Y el corazón se le pierde,
doliente y embalsamado,
en la madreselva verde...
Y el corazón se le pierde...

A caballo va el poeta...
¡Qué tranquilidad violeta!

Se está la orilla dorando...
El último pensamiento
del sol, la deja soñando...
Se está la orilla dorando...

¡Qué tranquilidad violeta,
por el sendero, a la tarde!
A caballo va el poeta...
¡Qué tranquilidad violeta!

VERDE VERDEROL

VERDE verderol,
¡endulza la puesta del sol!

Palacio de encanto,
el pinar tardío
arrulla con llanto
la huída del río.
Allí el nido umbrío
tiene el verderol.

Verde verderol,
¡endulza la puesta del sol!

La última brisa
es suspiradora;
el sol rojo irisa
al pino que llora.
¡Vaga y lenta hora
nuestra, verderol!

Verde verderol
¡endulza la puesta del sol!

Soledad y calma;
silencio y grandeza.
La choza del alma
se recoje y reza.
De pronto, ¡oh, belleza!,
canta el verderol.

Verde verderol,
¡endulza la puesta del sol!

Su canto enajena.
—¿Se ha parado el viento?—
El campo se llena
de su sentimiento.
Malva es el lamento,
verde el verderol.

Verde verderol,
¡endulza la puesta del sol!

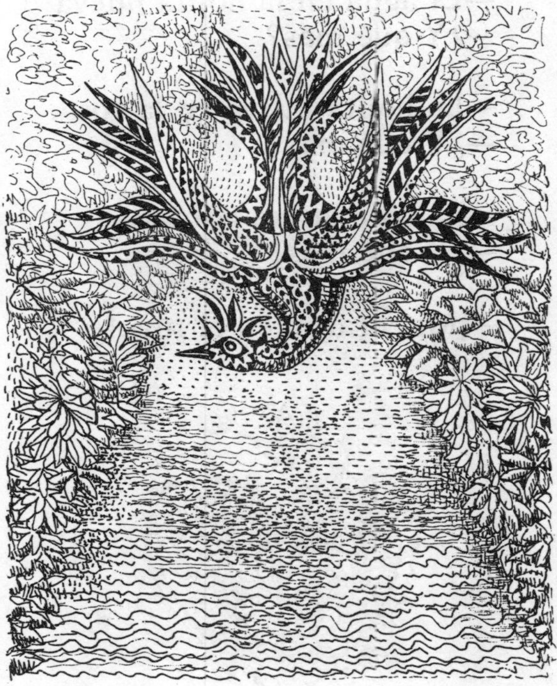

ABRIL

(EL DÍA Y ROBERT BROWNING)

EL chamariz en el chopo.
—¿Y qué más?

—El chopo en el cielo azul.
—¿Y qué más?

—El cielo azul en el agua.
—¿Y qué más?

—El agua en la hojita nueva.
—¿Y qué más?

—La hojita nueva en la rosa.
—¿Y qué más?

—La rosa en mi corazón
—¿Y qué más?

—¡Mi corazón en el tuyo!

LA CABRA GUAPA

¡AHÍ viene mi cabra guapa!
(¡La quiero como a una dama!)

¡Qué bien camina, miradla!
¡Cómo mira y cómo indaga!
¡Cómo de pronto se para!

... Si ramonea una parra,
si se echa a soñar, si salta,
si baja a mirarse al agua
de la charca lisa y plata,
si trepa al cabezo grana,
si huye del macho, si llama;
yo sé que yo (si le pongo
mi mano en su frente alzada)
soy yo para ella.
Y ella
(¡cómo sonríe, miradla!)
yo sé que es una mujer
que está escondida en la cabra.

TÚ MI REINA Y YO TU REY

(LLUEVE y llueve. Moguer gris se ha quedado solo. Llueve.)
¡Petronila, qué alegría, qué alegría, cómo llueve!

Ven corriendo, Petronila, que mi hermana quiere verte
y nos sacará mi madre muchas cosas si tú vienes.

Nos iremos al descanso de la escalera, anda, vente,
allí te veré tu cara redonda en la bola verde.

Y bajaremos montados por las barandas lucientes
como en caballos del río, tú mi reina y yo tu rey.

¡Ven corriendo, Petronila, da una carrera y te vienes!
(Llueve y llueve. Mi Moguer desierto, fresco y alegre.)

AMO el paisaje verde, por el lado del río.
El sol, entre la fronda, ilusiona el poniente;
y, sobre flores de oro, el pensamiento mío,
crepúsculo del alma, se va con la corriente.

¿Al mar? ¿Al cielo? ¿Al mundo? Qué se yo... Las estrellas
suelen bajar al agua, traídas por la brisa...
Medita el ruiseñor... Las penas son más bellas,
y sobre la tristeza florece la sonrisa.

¡INFANCIA! ¡Campo verde, campanario, palmera,
mirador de colores; sol, vaga mariposa
que colgabas a la tarde de primavera,
en el cenit azul, una caricia rosa!

¡Jardín cerrado, en donde un pájaro cantaba,
por el verdor teñido de melodiosos oros;
brisa suave y fresca, en la que me llegaba
la música lejana de la plaza de toros!

... Antes de la amargura sin nombre del fracaso
que engalanó de luto mi corazón doliente,
ruiseñor niño, amé, en la tarde de raso,
el silencio de todos o la voz de la fuente.

MALVAS, rosadas, celestes,
las florecillas del campo
esmaltan la orilla azul
del arroyo solitario.

Parece como si una
niña perdida en el prado,
con sus dulces ojos las
hubiese ido regando...

La brisa juega con ellas...
¡Oh, qué olor! Un dulce bálsamo
se derrama sobre el alma
taladrada de cuidados;
y, un instante, se la lleva,
plácidamente, a un remanso
donde sueña eternidades
el diamante soleado.

Tiene el alma, el aire de oro,
de las estrellas del campo;
celestes, rosadas, malvas,
sus sombras pasan, soñando...

BAHÍA TRISTE

BARCOS, no se veían. Sólo los farolillos
colorados, morados, amarillos, pintaban
las jarcias invisibles, con soles amarillos,
morados, colorados, que las aguas doblaban.

Ya las fiestas habían deshojado sus flores,
y un gran silencio limpio, contenido, se oía...
—Sólo los dulces farolillos de colores
velaban la nostaljia negra de la bahía...—

El luto duro y refrescante de la hora
hablaba a la ilusión de un imprevisto ambiente,
... que el amargo trastorno sediendo de la aurora
fijó luego, en un lado y en otro, tristemente.

MAR DEL SUR

EN el sopor azul e hirviente de la siesta,
el jardín arde al sol. Huele a rosas quemadas.
La mar mece, entre inmóviles guirnaldas de floresta,
una diamantería de olas soleadas.

Cúpulas amarillas encienden a lo lejos,
en la ciudad atlántica, veladas fantasías;
saltan, ríen, titilan momentáneos reflejos
de azulejos, de bronces y de cristalerías.

El agua abre sus frescos abanicos de plata,
hasta el reposo verde de las calladas hojas,
y en el silencio solitario, una fragata,
blanca y henchida, surje, entre las rocas rojas...

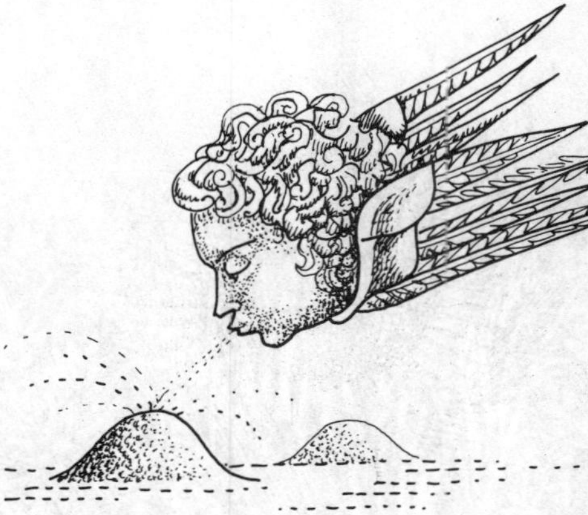

EL VIAJE DEFINITIVO

... Y yo me iré. Y se quedarán los pájaros
cantando;
y se quedará mi huerto, con su verde árbol,
y con su pozo blanco.

Todas las tardes, el cielo será azul y plácido;
y tocarán, como esta tarde están tocando,
las campanas del campanario.

Se morirán aquellos que me amaron;
y el pueblo se hará nuevo cada año;
y en el rincón aquel de mi huerto florido y encalado,
mi espíritu errará, nostáljico...

Y yo me iré; y estaré solo, sin hogar, sin árbol
verde, sin pozo blanco,
sin cielo azul y plácido...
Y se quedarán los pájaros cantando.

A ANTONIO MACHADO

¡AMISTAD verdadera, claro espejo
en donde la ilusión se mira!
... Parecen esas nubes
más bellas, más tranquilas.
Siento esta tarde, Antonio,
tu corazón entre la brisa.

La tarde huele a gloria.
Apolo inflama fraternales liras,
en un ocaso musical de oro,
como de mariposas encendidas;
liras plenas y puras,
de cuerdas de ascuas líquidas,
que guirnaldas de rosas inmortales
decorarán, un día.

Antonio, ¿sientes esta tarde ardiente,
mi corazón entre la brisa?

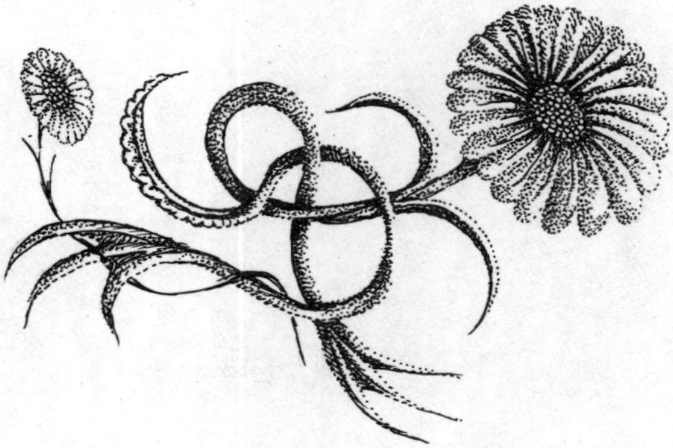

OLOR DE JAZMÍN

¡QUÉ tristeza de olor de jazmín! El verano
torna a encender las calles y a oscurecer las casas,
y, en las noches, regueros encendidos de estrellas
pesan sobre los ojos cargados de nostaljia.

En los balcones, a las altas horas, siguen
blancas mujeres mudas, que parecen fantasmas;
el río manda, a veces, una cansada brisa,
el acaso, una música imposible y romántica.

La penumbra reluce de suspiros; el mundo
se viene, en un olvido májico, a flor de alma;
y se cojen libélulas con las manos caídas,
y, entre constelaciones, la alta luna se estanca.

¡Qué tristeza de olor de jazmín! Los pianos
están abiertos; hay en todas partes miradas
calientes... Por el fondo de cada sombra azul,
se esfuma una visión apasionada y lánguida.

TARDE ANDALUZA

MARIPOSAS de luto, nevadas, blanquiverdes,
se van al cielo. El sol se oxida entre la sombra
del humo. Un río que nunca se ha de volver
a ver, huye a una música vespertina de frondas.

Alondras de otros pueblos cantan en los trigales;
su sangre transparente mecen las amapolas;
y, la yerba en los belfos, lentas vacas pintadas,
vuelven hacia nosotros sus testas melancólicas.

¡Qué regueros rosados, violetas, azulados,
de flores, en las tiernas praderas pantanosas!
—Coronitas de humo celeste y blando velan
un instante las flores... —El tren silba... Una noria...

De pronto, es un gritar fugaz y cristalino...
Y mujeres morenas —¡oh, visión blanca, roja,
amarilla!— nos dicen, con sus brazos desnudos,
¡adiós!, llenos de risa los ojos y las bocas...

ANUNCIACIÓN

¡TRASUNTO de cristal,
bello como un esmalte de ataujía!

Desde la galería
esbelta, se veía
el jardín. Y María,
virjen, tímida, plena
de gracia, igual que una azucena,
se doblaba al anuncio celestial.

Un vivo pajarillo
volaba en una rosa.
El alba era primorosa.
Y, cual la luna matinal,
se perdía en el sol nuevo y sencillo,
el ala de Gabriel, blanco y triunfal.

¡Memoria de cristal!

ALEGRÍA NOCTURNA

¡ALLÁ va el olor
de la rosa!
¡Cógelo en tu sinrazón!

¡Allá va la luz
de la luna!
¡Cógela en tu plenitud!

¡Allá va el cantar
del arroyo!
¡Cógelo en tu libertad!

CANCIÓN DE INVIERNO

CANTAN. Cantan.
¿Dónde cantan los pájaros que cantan?

Ha llovido. Aún las ramas
están sin hojas nuevas. Cantan. Cantan
los pájaros. ¿En dónde cantan
los pájaros que cantan?

No tengo pájaros en jaulas.
No hay niños que los vendan. Cantan.
El valle está muy lejos. Nada...

Yo no sé dónde cantan
los pájaros (cantan, cantan),
los pájaros que cantan.

EL NIÑO POBRE

LE han puesto al niño un vestido
absurdo, loco, ridículo;
le está largo y corto; gritos
de colores le han prendido
por todas partes. Y el niño
se mira, se toca, erguido.
Todo le hace reir al mico,
las manos en los bolsillos...
La hermana le dice —pico
de gorrión, tizos lindos
los ojos, manos y rizos
en el roto espejo—: «¡Hijo,
pareces un niño rico!...»

Vibra el sol. Ronca, dormido,
el pueblo en paz. Sólo el niño
viene y va con su vestido,
viene y va con su vestido...
En la feria, están caídos
los gallardetes. Pititos
en zaguanes... Cuando el niño
entra en casa, en un suspiro
le chilla la madre: «¡Hijo!»
—y él la mira calladito,
meciendo, hambriento y sumiso,
los pies en la silla—, «hijo,
pareces un niño rico!...»

Campanas. Las cinco. Lírico
sol. Colgaduras y cirios.
Viento fragante del río.

La procesión. ¡Oh, qué idílico
rumor de platas y vidrios!
¡Relicarios con el brillo
de ocaso en su seno místico!
... El niño, entre el vocerío,
se toca, se mira... «¡Hijo!»,
le dice el padre bebido
—una lágrima en el limo
del ojuelo, flor de vicio—,
«pareces un niño rico!...»

La tarde cae. Malvas de oro
endulzan la torre. Pitos
despiertos. Los farolillos,
aún los cohetes con sol vivo,
se mecen medio encendidos.
Por la plaza, de las manos,
bien lavados, trajes limpios,
con dinero y con juguetes,
vienen ya los niños ricos.
El niño se les arrima,
y, radiante y decidido,
les dice en la cara: «¡Ea,
yo parezco un niño rico!»

LA CARBONERILLA QUEMADA

EN la siesta de julio, ascua violenta y ciega,
prendió el horno las ropas de la niña. La arena
quemaba cual con fiebre; dolían las cigarras;
el cielo era igual que de plata calcinada.

... Con la tarde, volvió —¡anda, potro!— la madre.
El pinar se reía. El cielo era de esmalte
violeta. La brisa renovaba la vida...

La niña, rosa y negra, moría en carne viva.
Todo le lastimaba. El roce de los besos,
el roce de los ojos, el aire alegre y bello:
—«Mare, me jeché arena zobre la quemaura.
Te yamé, te yamé dejde er camino... ¡Nunca
ejtubo ejto tan zolo! Laj yama me comían,
mare, y yo te yamaba, y tú nunca benía!»

Por el camino —¡largo!— sobre el potrillo rojo,
murió la niña. Abiertos, espantados, sus ojos
eran como raíces secas de las estrellas.
La brisa jugueteaba, ensombrecida y fresca.
Corría el agua por el lado del camino.
Ondulaba la yerba. Trotaban los pollinos,
oyendo ya los gritos de los niños del pueblo...

Dios estaba bañándose en su azul de luceros.

LA COJITA

LA niña sonríe: «¡Espera,
voy a cojer la muleta!»

Sol y rosas. La arboleda
movida y fresca, dardea
limpias luces verdes. Gresca
de pájaros, brisas nuevas.
La niña sonríe: «¡Espera,
voy a cojer la muleta!»

Un cielo de ensueño y seda,
hasta el corazón se entra.
Los niños, de blanco, juegan,
chillan, sudan, llegan:
«...nenaaa!»
La niña sonríe: «Espeeera,
voy a cojer la muleta!»

Saltan sus ojos. Le cuelga,
jirando, falsa, la pierna.
Le duele el hombro. Jadea
contra los chopos. Se sienta.
ríe y llora y ríe: «¡Espera,
voy a cojer la muleta!»

¡Mas los pájaros no esperan:
los niños no esperan! Yerra
la primavera. Es la fiesta
del que corre y del que vuela...
La niña sonríe: «¡Espera,
voy a cojer la muleta!»

EL ADOLESCENTE

(El baúl espera, cerrado ya,
en el patio de mármol.)

—MADRE, me olvido de algo, y no me acuerdo...
Madre, ¿qué es eso que olvido?
—La ropa va toda, hijo.
—Sí, mas me falta algo, y no recuerdo...
Madre, ¿qué es eso que olvido?
—¿Van todos los libros, hijo?
—Todos, mas falta algo, y no me acuerdo...
Madre, ¿qué es eso que olvido?
—Será... tu retrato, hijo.
—¡No, no! Me falta algo, y no recuerdo...
Madre, ¿qué es eso que olvido?
—No pienses más, duerme, hijo...

¡NO corras, ve despacio,
que adonde tienes que ir es a ti solo!

¡Ve despacio, no corras,
que el niño de tu yo, reciennacido
eterno,
no te puede seguir!

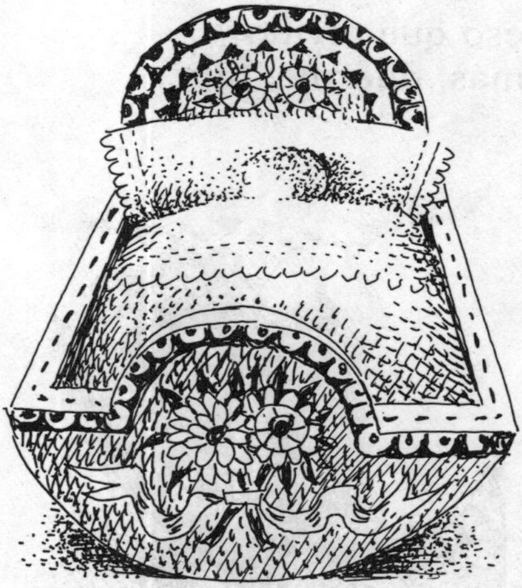

(A Miss Rápida)

SI vas de prisa,
el tiempo volará ante ti, como una
mariposilla esquiva.

Si vas despacio,
el tiempo irás detrás de ti,
como un buey manso.

PRIMAVERA

ABRIL, sin tu asistencia clara, fuera
invierno de caídos esplendores;
mas aunque abril no te abra a ti sus flores,
tú siempre exaltarás la primavera.

Eres la primavera verdadera;
rosa de los caminos interiores,
brisa de los secretos corredores,
lumbre de la recóndita ladera.

¡Qué paz, cuando en la tarde misteriosa,
abrazados los dos, sea tu risa
el surtidor de nuestra sola fuente!

Mi corazón recojerá tu rosa,
sobre mis ojos se echará tu brisa,
tu luz se dormirá sobre mi frente...

RAMA DE ORO

DOLIENTE rama de hojas otoñales
que el sol divino enjoya y transparenta,
cuando hurta el sol la nube, polvorienta
rama es, de miserias materiales.

Todas las maravillas inmortales
que la hoja de oro exalta y representa,
se las lleva la hora turbulenta
al centro de los senos celestiales.

Corazón, seco, vano y pobre nido
en que los sempiternos resplandores
hallan, un punto, refuljente calma.

Cuando el amor te deja en el olvido,
se truecan en cenizas tus fulgores
y es vil escoria lo que creiste alma.

OCTUBRE

ESTABA echado yo en la tierra, enfrente
del infinito campo de Castilla,
que el otoño envolvía en la amarilla
dulzura de su claro sol poniente.

Lento, el arado, paralelamente
abría el haza oscura, y la sencilla
mano abierta dejaba la semilla
en su entraña partida honradamente.

Pensé arrancarme el corazón, y echarlo,
pleno de su sentir alto y profundo,
al ancho surco del terruño tierno,
a ver si con partirlo y con sembrarlo,
la primavera le mostraba al mundo
el árbol puro del amor eterno.

NOCHES IDEALES

(BAJO LA ACACIA EN FLOR)

A la divina luz de las estrellas
que miran mi infinito desconsuelo,
mis ojos andan, tristes, por el cielo,
perdido locamente por entre ellas.

Estas estrellas claras son aquellas
que en noches puras de pasión y anhelo
bajaban, hechas manos, hasta el suelo
a entretenerse con mis dichas bellas.

¡Oh subir, oh caer de pena y gracia,
correspondencia eterna de ideales
cuidados, satisfechos vanamente!

Al través del aroma de la acacia,
juegan como dos niños inmortales
el cielo humano y la celeste frente.

SOLEDAD

EN ti estás todo, mar, y sin embargo,
qué sin ti estás, qué solo,
qué lejos, siempre, de ti mismo!

Abierto en mil heridas, cada instante,
cual mi frente,
tus olas van, como mis pensamientos,
y vienen, van y vienen,
besándose, apartándose,
en un eterno conocerse,
mar, y desconocerse.

Eres tú, y no lo sabes,
tu corazón te late, y no lo siente...
¡Qué plenitud de soledad, mar solo!

MAR

PARECE, mar, que luchas
—¡oh desorden sin fin, hierro incesante!—
por encontrarte o porque yo te encuentre.

¡Qué inmenso demostrarte, mar,
en tu desnudez sola
—sin compañera... o sin compañero,
según te diga el mar o la mar—, creando
el espectáculo completo
de nuestro mundo de hoy!

Estás como en un parto,
dándote a luz —¡con qué fatiga!—
a ti mismo, ¡mar único!
a ti mismo, a ti solo y en tu misma
y sola plenitud de plenitudes,
... ¡por encontrarte o porque yo te encuentre!

CIELO

TE tenía olvidado,
cielo, y no eras
más que un vago existir de luz,
visto —sin nombre—
por mis cansados ojos indolentes.
Y aparecías, entre las palabras
perezosas y desesperanzadas del viajero,
como en breves lagunas repetidas
de un paisaje de agua visto en sueños...

Hoy te he mirado lentamente
y te has ido elevando hasta tu nombre.

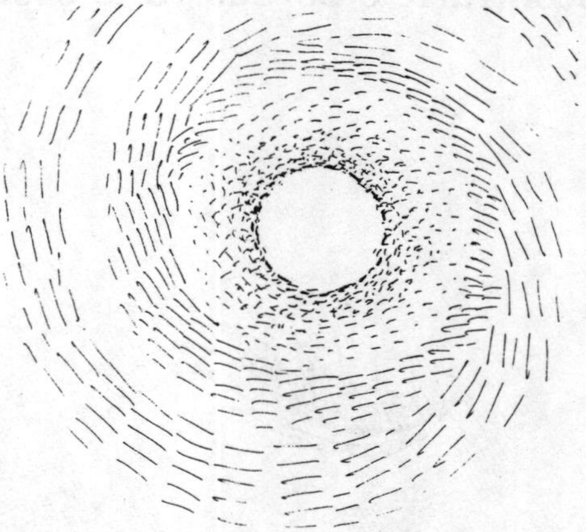

IDILIO

¡CON qué sonrisa, en el paisaje rosa,
la madre joven hace, con su mano,
más larga la manita tierna
del niño, que la alza,
en vano, a las cerezas!

Un pajarillo, cerca, canta,
y el sol, bajo el rosal, trenza, vibrando,
sus rayos de oro con la yerba fina;
y el agua brota, blandamente,
perfumada de rosas encendidas
y de rosas en sombra.

¡Amor y vida
se funden, como el cielo con la tierra,
en un esplendor suave
que es, un instante, eterno!

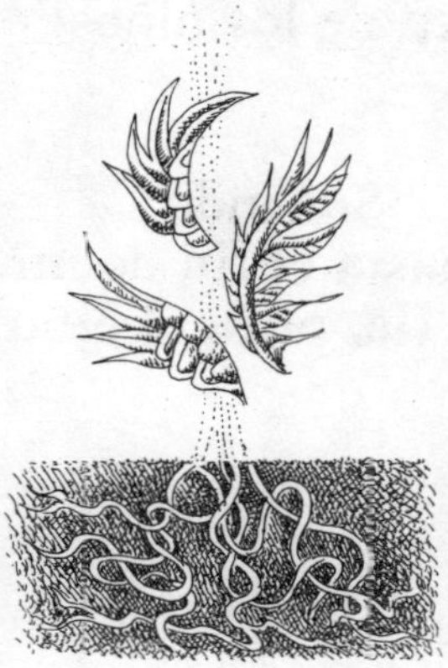

NIÑO EN EL MAR

LE sonrío, al pasar, y le sonrío,
y le sonrío inmensamente;
y su rostro que nace, fresco y oro,
me mira fijo, mas cerrado
al sonreír sereno que le doy.

Sus ojos serios y mi boca
sonreída,
se quedan solos, cuando la distancia
los borra, desprendidos, pobres;
ellos en su dureza
y ella en su ternura.

—Primaveras y ánjeles, un punto,
dentro, no saben nada,
y son un cuadro de museo
esas verdades rosas
del sueño, y ya no hay músicas
tiernas, a las estrellas. Un hastío vano
abre la boca de los niños
en el cielo.—

Soñando,
le sonrío hasta el fin de mi sonrisa,
y, hasta el fin, mira el niño mi sonrisa,
serio.

MADRE

TE digo, al llegar, madre
que tú eres como el mar; que aunque las olas
de tus años se cambien y te muden,
siempre es igual tu sitio,
al paso de mi alma.

No es preciso medida
ni cálculo para el señalamiento
de ese cielo total;
el color, hora única,
la luz de tu poniente,
te sitúan ¡oh madre! entre las olas,
conocida y eterna en su mudanza.

ETERNIDAD, belleza
sola, ¡si yo pudiese,
en tu corazón único, cantarte,
igual que tú me cantas en el mío,
las tardes claras de alegría en paz!

¡Si en tus éstasis últimos,
tú me sintieras dentro,
embriagándote toda,
como me embriagas todo tú!

¡Si yo fuese —inefable—,
olor, frescura, música, revuelo
en la infinita primavera pura
de tu interior totalidad sin fin!

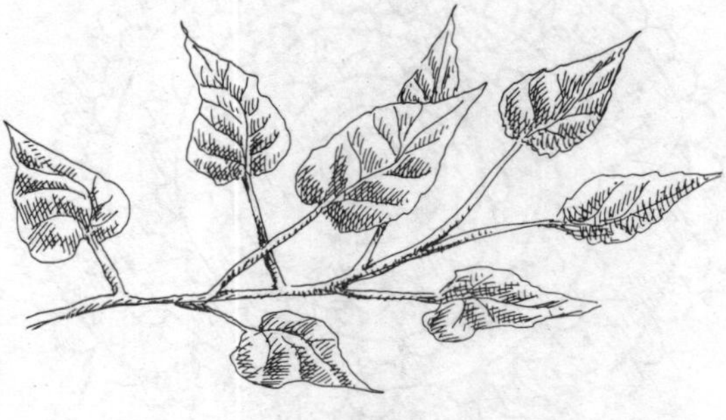

¡ÉSTA es mi vida: la de arriba,
la de la pura brisa,
la del pájaro último,
la de las cimas de oro de lo oscuro!

¡Ésta es mi libertad: oler la rosa,
cortar el agua fría con mi mano loca,
desnudar la arboleda,
cojerle al sol su luz eterna!

CANCIÓN

(Álamo blanco)

ARRIBA canta el pájaro,
y abajo canta el agua.
—Arriba y abajo,
se me abre el alma.—

Mece a la estrella el pájaro,
a la flor mece el agua.
—Arriba y abajo,
me tiembla el alma.—

VIENTO DE AMOR

POR la cima del árbol iré
y te buscaré.

Por la cima del árbol he de ir,
por la cima del árbol has de venir,
por la cima del árbol verde
donde nada y todo se pierde.

Por la cima del árbol iré
y te encontraré.

En la cima del árbol se va
a la ventura que aún no está,
en la cima del árbol se viene
de la dicha que ya se tiene.

Por la cima del árbol iré
y te cojeré.

CON LAS ROSAS

NO, esta dulce tarde
no puedo quedarme;
esta tarde libre
tengo que irme al aire.

Al aire que ríe
abriendo los árboles,
amores a miles,
profundo, ondeante.

Me esperan las rosas
bañando su carne.
¡No me claves fines;
no quiero quedarme!

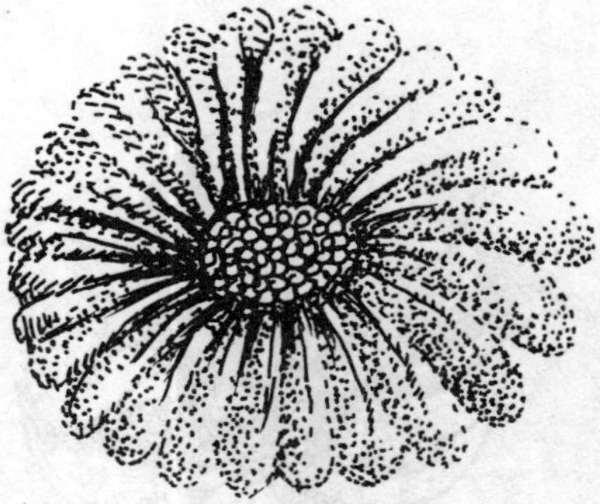

PROSAS

PLATERO

Platero es pequeño, peludo, suave; tan blando por fuera, que se diría todo de algodón, que no lleva huesos. Sólo los espejos de azabache de sus ojos son duros cual dos escarabajos de cristal negro.

Lo dejo suelto, y se va al prado, y acaricia tibiamente con su hocico, rozándolas apenas, las florecillas rosas, celestes, gualdas... Lo llamo dulcemente: «¿Platero?», y viene a mí con un trotecillo alegre que parece que se ríe en no sé qué cascabeleo ideal...

Come cuanto le doy. Le gustan las naranjas mandarinas, las uvas moscateles, todas de ámbar, los higos morados, con su cristalina gotita de miel...

Es tierno y mimoso igual que un niño, que una niña...; pero fuerte y seco como de piedra. Cuando paseo sobre él, los domingos, por las últimas callejas del pueblo, los hombres del campo, vestidos de limpio y despaciosos, se quedan mirándolo:

—Tiene acero...

Tiene acero. Acero y plata de luna, al mismo tiempo.

LA PRIMAVERA

¡Ay, qué relumbres y olores!
¡Ay, cómo rien los prados!
¡Ay, qué alboradas se oyen!
Romance popular

En mi duermevela matinal, me malhumora una endiablada chillería de chiquillos. Por fin, sin poder dormir más, me echo, desesperado, de la cama. Entonces, al mirar el campo por la ventana abierta, me doy cuenta de que los que alborotan son los pájaros.

Salgo al huerto y doy gracias al Dios del día azul. ¡Libre concierto de picos frescos y sin fin! La golondrina riza, caprichosa, su gorjeo en el pozo, silba el mirlo sobre la naranja caída; de fuego, la oropéndola charla en el chaparro; el chamariz ríe larga y menudamente en la cima del eucalipto; y, en el pino grande, los gorriones discuten desaforadamente.

¡Cómo está la mañana! El sol pone en la tierra su alegría de plata y de oro; mariposas de cien colores juegan por todas partes, entre las flores, por la casa, en el manantial. Por doquiera, el campo se abre en estallidos, en crujidos, en un hervidero de vida sana y nueva.

Parece que estuviéramos dentro de un gran fanal de luz, que fuese el interior de una inmensa y cálida rosa encendida.

LA ESPINA

Entrando en la dehesa, Platero ha comenzado a cojear. Me he echado al suelo...

—Pero, hombre, ¿qué te pasa?

Platero ha dejado la mano derecha un poco levantada, mostrando la ranilla, sin fuerza y sin peso, sin tocar casi con el casco la arena ardiente del camino.

Con una solicitud mayor, sin duda, que la del viejo Darbón, su médico, le he doblado la mano y le he mirado la ranilla roja. Una espina larga y verde, de naranjo sano, está clavada en ella como un redondo puñalillo de esmeralda. Estremecido del dolor de Platero, he tirado de la espina; y me lo he llevado al pobre al arroyo de los lirios amarillos para que el agua corriente le lama, con su larga lengua pura, la heridilla.

Después hemos seguido hacia la mar blanca, yo delante, él detrás, cojeando todavía y dándome suaves topadas en la espalda.

LA MUERTE

Encontré a Platero echado en la cama de paja, blandos los ojos tristes. Fui a él, lo acaricié, hablándole, y quise que se levantara...

El pobre se removió todo bruscamente, y dejó una mano arrodillada... No podía... Entonces le tendí su mano en el suelo, lo acaricié de nuevo con ternura, y mandé venir a su médico. El viejo Darbón, así que lo hubo visto, sumió la enorme boca desdentada hasta la nuca, y meció sobre el pecho la cabeza congestionada, igual que un péndulo.

—Nada bueno, ¿eh?

No sé qué contestó... Que el infeliz se iba... Nada... Que un dolor... Que no sé qué raíz mala... La tierra, entre la hierba...

A mediodía, Platero estaba muerto. La barriguilla de algodón se le había hinchado como el mundo, y sus patas, rígidas y descoloridas, se elevaban al cielo. Parecía su pelo rizoso ese pelo de estopa apolillada de las muñecas viejas, que se cae, al pasarle la mano, en una polvorienta tristeza.

Por la cuadra en silencio, encendiéndose cada vez que pasaba por el rayo de sol de la ventanilla, revolaba una bella mariposa de tres colores.

LA PELOTILLA

«Cuando vayas a Sevilla,
te echarán la pelotilla.»

La pelotilla de Sevilla fue compañera larga de mi niñez. Me decían que si iba a Sevilla, no me quedara nunca con la boca abierta delante de un escaparate de la calle de las Sierpes, porque me echarían la pelotilla. ¡Y con qué dificultad me tragaba yo por anticipado aquella pelotilla invisible y qué mala digestión me daba a mí, infeliz!

De qué era la pelotilla es lo que yo siempre preguntaba. Porque yo no podía admitir que fuera de goma, ni de madera, de badana, metal amarillo, corcho, cristal, carey. El misterio de la pelotilla, más aún que en la mano secreta que me la habría de echar por mi boca abierta desde el fondo de los brillantes escaparates, estaba en su sustancia.

Recuerdo vago que yo me la imajinaba blanca y negra, ajedrezada, arlequinesa, muy lumínica, májica, preciosísima; y que, cuando saltaba en mi fantasía, entre el probable escaparate de la calle de las Sierpes y mi boca abierta, cada cuadrito negro o blanco de la pelotilla definía vivo su blanco y su negro ante mis ojos parados, con una límpida precisión maravillosa.

LA MENDIGUILLA

Es invierno, y Mercedita Saro está siempre con su mantoncillo de pico, cuarta parte, cortado, de uno de mujer, tapándose con él la boca. Graciosísima la niña. Su cabecilla redonda, peinada lisa (cierto esmero ¿de quién?), y su tieso rabito trenzado con una cinta blanca al fin, me recuerdan la luna llena con una estrella cerca (que a su vez me recuerdan un barrilete nocturno, con un farol en la punta de la cola. ¡Qué misterios, cuando pequeños!).

Ya me conoce, y sus ojitos nuevos y alegremente tristes me ven venir, y me sonríen, desde todos los lejos de estas calles. Yo, en vez de darle el dinero que va al bolsillo colilloso del hombre borracho de la esquina, la llevo a una panadería o a una confitería y le compro algo que le guste; y ella se viene conmigo paseando y contándome cosas, hasta que se come del todo lo que sea.

Creo que se siente defendida por mí. Sin duda, se figura, confusamente, que su padre de la esquina es hombre de no sabe qué grandes derechos (El Tío de la Lista, Ravachol, El Destripador de mujeres, La Mano negra, El Verdugo, alguien trágico y extraño, destacado en entrevistos crepúsculos matutinos y vespertinos de telarañosos suburbios bajos, con desnudeces y tizonadas; de lo que ella ha oído aquí y allá, y no une ni entiende). Y si le anda cerca, la niña me dice, disimulando contra mi abrigo: «Señorito, tenga usté mucho cuidao, que está ahí mi pare, y no quiere que yo coma dulses.»

EL GRILLO REAL

¡Qué angustia el grillo aquel de aquel junio raro (junio cóncavo y profundo), allí encima de mi ventana abierta, tan dentro de mi soledad, como un cascabelón en el mismo centro interior de mi oído! Mi sueño era un infinito de pesadilla y sobresalto: era todo el cielo negro de verano, hecho monótono goterón sonoro y pesado, de estrella de plomo y eternidad de sombra; el mar inmenso de betún nubiano, condensado en una breve ola terrible y ahogante, que, en cada rítmico golpe, me atragantaba; era el mundo en concentración, que descansaba sobre mis sesos auditivos, preso yo por la cabeza (¡qué tirones!) de él.

... Por fin, no pude más; y le dije a Honorito Igelmo, el niño del portero, dueño del grillo real, que si me lo quería vender; que le daría un duro, o dos, o cinco, lo que él quisiera; con la idea de llevarme el acerado animalito oscuro al Retiro y hospedarlo entre la yerba más distante.

El chiquillo abrió unos ojazos enormes, asombrados, que a mí me parecieron dos grillotes melancólicos, de honda música triste, creyendo yo que se le convertían en pena, con mi pregunta.

¡No, gracias al dios del silencio, existente, para mí, aquel día! Me dijo el castellanito: «Por el duro, voy a traerle al señor cinco grillos de los buenos...»

LA NIÑA SOLITA DE SALINAS

Escamoteadita por su padre (el grisote poeta prestidijitador, que se pasa la vida trashumando, lento pastor tristón, lamentándose fruncido en conversación y verso, creo que únicamente para guardar el secreto de su niña), Solita no se ve por este mundo. Su padre no la lleva más que en foto, en la cartera. En foto la vemos prendida al talle de lo ignoto, morenilla madreselva rubia, japonesuela dorada, tiranísima, sin duda, desconcertada y desconcertante en ángulo abierto de mirada y risa, dueña con su naturalidad silvestre de las corrientes de aire y agua que tanto molestan a D. Pedro.

De tanto oir a Salinas por su niña, todos somos un poco tíos de ella, desconocida por si acaso. En las calles ruidosas y ocupadas nos estasiamos, no vaya un carromato, taxi, tranvía, ciclista a cojer a la niña de Salinas, que casi anda con nosotros. En el cine, procuramos ponernos con la invisible niña de Salinas cerca de una salida, no rojee un fuego diablo a prenderla. En las epidemias infantiles, nos late duro el corazón por la escarlatina, sarampión, difteria de la niña de Salinas. En nuestro cuento de estrechos y buques, siempre llevamos un enorme salvavidas, de miedo, no salte la ola dragona y se nos lleve de la doble imposibilidad del sueño y la ausencia a la niña de Salinas.

¡Y cómo la encontramos, al mismo tiempo con nuestros prismáticos, en su paz, por los nidos encantadores! A la vuelta de aquel plantío madrileño de margaritas llovidas, ¡cómo se nos escapa riendo oscura, loca, clara! ¡Qué graciosamente juega por las barandas de los balcones y escaleras de aquellos preciosos alcázares castellanos! ¡O se va, libélula, esquife blanco de los Guadalquivires, bajo palomas de plata, entre casas rosas, azules! ¡Y vuela de la azotea alicantina al mar, del mar a su madre silenciosa! ¡Y trepa por las espadañas sevillanas matinales a cojer las campanas de vuelta y se monta en sus alas! ¡Y le agarra los cuernos a los toros negros del Jarama, y se sube a los venados del Pardo! (Y D. Pedro en la orilla, un árbol, la roca, vuelto de espaldas, braceando como un molino: «¿Ha visto usted, ha visto usted?»).

Libre, en sí, alegre de ser, elástica de nacimiento, descuidada eterna, ¡qué bien se mece Solita en el hilo de seda irrompible de su destino, ama deliciosa de los siete monstruos que a su padre y a nosotros nos comen por ella!

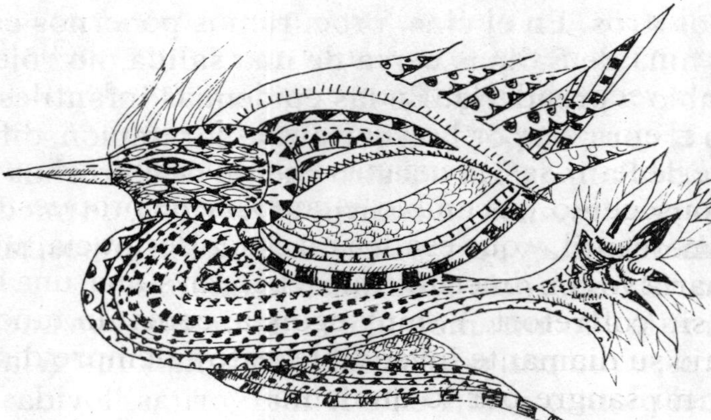

EL ANDALUZ UNIVERSAL

Autorretrato (para uso de reptiles de varia categoría)

Mis hados orientales me trajeron volando al sur occidental y me dejaron en aquella solitaria escalera segunda de mármol blanco, llena toda de sol de una montera de cristales blancos y amarillos, haciendo lo que me gustaba. Un hermoso prisma tentador que había en la vuelta de la baranda de caoba del descanso, me dio, centelleando colores volubles, su norma. Y por encima del mundo he seguido siempre mi altibajo capricho prismático, confiado al destino, del que soy crédulo ciego. —Una hora antes de cualquier fatalidad absurda, de cualquier drama concreto, se me aparece siempre, por detrás de cualquier piedra imposible, y de frente, la aurora—.

Lo que estoy diciendo es: que por el laberinto permanente de mi vida alegre, melancólica, triste; mala, buena, regular, clara, gris y negra: completa, una segura y bella mano, invisible a veces, otras evidente, me ha llevado siempre a la salida mejor; que no he vuelto los ojos, por el enredijo, a innumerables rosas, manzanas y laureles que me querían; que he conseguido, en cambio, cuanto me he propuesto, menos oro mercantil, y que ésa sea mi única desgracia, porque, ¡lo que haría yo con dinerito!; que tengo, en suma, una buena estrella sin coffrefort. Y, muy egoísta, como un niño o un viejo, bajo su diamante invendible, estoy siempre dispuesto a dar mi sangre por lo que amo.

Más. Las pasiones ciegas están equilibradas en mí por las de buena vista: un ojo me forma el mundo y otro me lo deforma o me lo reforma. Con esta visión, hago el bien y me arrepiento; entonces hago el mal y me arrepiento también. Mi vida y mi obra son una rueda de fuego constante de arrepentimientos; pero mi estética y mi ética, mi locura y mi cordura, mi calma y mi guerra tienen siempre una meta suficiente, que me consuela de todo: la mujer desnuda.

La Belleza me es familiar y tengo los dones completos de la Poesía: sensualidad, jenio, gusto, vista, universalidad, crítica, idea. Con mi vida y con mi pluma hago lo que me da la gana. —Se ha dicho aquí y allá, y en este instante lo confirmo en el cristal del balcón entornado, que mi cabeza tiene enorme parecido con las de Calderón, Shakespeare y Góngora—. Nunca he sentido, sin embargo, deseos de ser otro que yo. Las dos normalidades que más me gustan son: quedarme en casa con mi mujer y mi obra y viajar con mi mujer y conmigo. Leo menos cada vez porque cada día entiendo menos lo que no sea mío, y porque estoy siempre sin tiempo, chorreando belleza propia. Por cada página que depuro, creo veinte cada día, ¡qué no podré depurar!

Perdón. De niño, mi madre, bellísima, buenísima, perfecta, me reñía cariñosamente con pintorescos nombres, exactos como todas las palabras de ella, gráfica maravillosa, que son las de mi léxico: «Impertinente, Exijentito, Juanito el Preguntón, el Caprichoso, el Inventor, Antojado, Cansadito, Tentón, Loco, Fastidiosito, Mareón, Exajerado, Majaderito, Pesadito y... Príncipe.»

(1923)

MÁXIMAS

4

Tenerlo todo; pero con esfuerzo.

*

Ningún día... sin romper un papel.

*

En la soledad no se encuentra más que lo que se lleva a ella.

*

En cada sentido están los otros... cinco.

*

En lo provisional, exactitud también, como si fuera definitivo.

*

Cultivemos, ante todo, la voluntad de rechazar.

*

La intelijencia no sirve para guiar al instinto, sino para comprenderlo.

*

¡Triste flor abierta a la fuerza!

*

Estilo: una cosa es contar y otra cantar.

*

Quien escribe como se habla, irá más lejos en lo porvenir que quien escribe como se escribe.

*

El defecto no ha de rebuscarse. Sólo el que naturalmente se vea con la atención justa.

*

Si te dan papel rayado, escribe de través.

*

Busquemos la gran alegría del haber hecho.

*

Ser breve, en arte, es suprema moralidad.

*

Al fantasma se le mata con su nombre.

*

Las coronas, dentro.

*

Démonos fuerza, cada día, con nuestra propia obra.

*

ÍNDICE

El libro es el mejor medio de comunicación del pensamiento humano.

Autor, traductor, editor, diseñador e ilustrador, impresor, distribuidor y librero coordinan sus conocimientos y su trabajo hasta conseguir un producto agradable, económico y asequible para todo el mundo, de fácil circulación y conservación, de valor permanente y universal. Ningún otro medio de comunicación conocido hasta hoy reúne estas cualidades.

Las bibliotecas son el mejor depósito de la Cultura. Los profesionales de la Crítica y de la Enseñanza ayudan y orientan a los lectores sobre los libros más adecuados a sus necesidades.

La lectura es una necesidad y un placer y su extensión es garantía de progreso humano y social.

En suma, el libro es un instrumento social poderoso y de su contenido y la forma en que se produzca y distribuya depende que se utilice al servicio de unos u otros intereses. Por eso, el factor más importante del libro es el lector: sólo la existencia de éste hace posible la de las otras personas que intervienen en él y decide su orientación. Un lector crítico y exigente estimula la aparición y consolidación de buenos autores y asegura una producción editorial independiente y avanzada.

Invitamos a todos los lectores a comunicarse con cuantos han contribuido a la aparición de este libro, aportando todo tipo de sugerencias y críticas. Pueden dirigir sus cartas a:

EDICIONES DE LA TORRE
Sorgo, 45
28029 Madrid, España

Alba y Mayo Poesía es una colección dedicada exclusivamente a divulgar entre los niños y las niñas lectores la vida y la obra de los grandes poetas. Cada volumen tiene una introducción y una antología preparadas por un especialista para acercarnos al conocimiento global de la obra de cada poeta. Fotos e ilustraciones, así como anexos bibliográficos, etc., completan la obra.

Hasta ahora se han publicado antologías de:

MIGUEL HERNÁNDEZ,
ANTONIO MACHADO,
FEDERICO GARCÍA LORCA,
JUAN RAMÓN JIMÉNEZ,
RAFAEL ALBERTI,
LEÓN FELIPE,
VICENTE ALEIXANDRE,
JORGE GUILLÉN,
GABRIEL CELAYA,
GERARDO DIEGO,
DÁMASO ALONSO,
BLAS DE OTERO,
JOSÉ BERGAMÍN,
PEDRO SALINAS,
LUIS CERNUDA,
MANUEL MACHADO,
ROMANCERO,
LOPE DE VEGA,
LUIS DE GÓNGORA,
FRANCISCO DE QUEVEDO,
CANCIONERO,
POESÍA DEL SIGLO DE ORO,
SAN JUAN DE LA CRUZ,
GUSTAVO ADOLFO BÉCQUER,
RUBÉN DARÍO,
PABLO NERUDA,
CÉSAR VALLEJO,
NICOLÁS GUILLÉN,
GABRIELA MISTRAL,
ERNESTO CARDENAL,
JUANA DE IBARBOUROU,
ALFONSO R. CASTELAO,
ROSALÍA DE CASTRO,
CURROS ENRÍQUEZ,
CELSO EMILIO FERREIRO,
CLAUDIO RODRÍGUEZ,
JOSÉ HIERRO